W0271020

Tomas Eckardt

Befreiung aus der Angst

Theorie und Praxis

Tomas Eckardt

Befreiung aus der Angst

Theorie und Praxis

Michaels Verlag

Wichtiger Hinweis: Die in diesem Buch vorgestellten Informationen sind sorgfältig erarbeitet und geprüft worden. Dennoch kann keine Garantie übernommen werden. Es liegt in der Verantwortung eines jeden Lesers, wie er die Informationen des Buches verarbeitet oder nachvollzieht. Eine Haftung des Autors oder des Verlages für Nachteile, Schäden etc. ist ausgeschlossen. Bitte beachten Sie in jedem Fall die Grenzen der Selbstbehandlung.

© Michaels Verlag 2006

Tomas Eckardt
Befreiung aus der Angst

Alle Rechte der Verbreitung, auch durch Film, Funk
und Fernsehen, durch Nachdruck, Kopie oder
Datenverarbeitungsanlagen aller Art,
sind vorbehalten.

ISBN 10: 3-89539-464-5
ISBN 13: 978-3-89539-464-5

1.Auflage Okt. 2006

Michaels Verlag
Ammergauer Str. 80
86971 Peiting
Tel.: 08861-59018 Fax: 08861-67091
www.michaelsverlag.de
E-mail: mvv@michaelsverlag.de

Die Betrachtung eines Phänomens

Der gewohnte Begleiter

Stellen Sie sich vor, Sie hätten zu Beginn Ihres Lebens ein tolles Auto geschenkt bekommen, mit dem Sie Ihre Lebensreise unternehmen dürfen. Sie haben es freudig in Empfang genommen, sich hineingesetzt und sind losgedüst. Was Sie nicht bemerkt haben, ist, dass Ihnen irgendjemand einen kleinen, häßlichen Kerl auf den Rücksitz gesetzt hat, der Sie heimlich, still und leise auf Ihrer gesamten Reise begleitet.

Irgendwann fällt Ihnen auf, dass Ihnen eine leise Stimme aus dem Fonds Ihres Autos immer wieder in Ihre Fahrt hineinredet. „He, fahr nicht so schnell, das ist viel zu gefährlich!" – „Bleib lieber stehen, sonst baust du einen Unfall." – „Hast du überhaupt genug Benzin im Tank? Alles ist doch so knapp!" – „Der Feldweg ist viel zu holprig, bleib auf der breiten Straße, wo alle fahren. Das funktioniert garantiert besser." – „Nicht überholen! Das ist riskant! Und außerdem, willst du denn was Besonderes sein?"

Da Sie ein netter Kerl sind und den Zwerg auf dem Rücksitz nicht verärgern wollen, hören Sie brav auf seine Einflüsterungen. Wer liebt es schon, sich herumzustreiten? Es scheint ja auch ganz vernünftig zu sein, was er da vorschlägt. Will man denn Kopf und Kragen riskieren? Und es liegt doch auf der Hand, dass es unvernünftig ist, zu schnell zu fahren. Schließlich sieht man doch, dass auch alle anderen nicht schneller als mit fünfunddreißig Stundenkilometern herumzuckeln, also muss das wohl eindeutig das Richtige sein. Und dem Verrückten, der da gerade vorbeizog, leuchteten zwar die Augen vor Freude, aber es kann ja nur eine Frage der Zeit sein, bis er die ersten Dellen in seinen Lack bekommt.

Durch die Aufmerksamkeit, die Sie Ihrem Kompagnon schenken, wird er im Laufe der Jahre immer größer, dicker und schwerer. Ja, er ist so fett geworden, dass Ihr Auto wegen seines Gewichts gar nicht mehr richtig zu steuern ist. Und weil es so schlingert, fahren Sie freiwillig immer langsamer und legen eine Ruhepause nach der anderen ein. Das Fahren ist aber auch wirklich zu riskant geworden, mit so einer Unwucht. Nur, so denken Sie, der dicke Kerl kann sicher nicht schuld daran sein, schließlich gehört er zu Ihnen und Ihrem Lebensauto von Anfang an. Und weil Sie bei jeder Rast bemerken, dass alle anderen Autofahrer, denen Sie auf dem Parkplatz begegnen, genau so einen asthmatischen Fettsack auf der Rückbank sitzen haben, wird Ihnen klar, dass dies einfach der normale und richtige Zustand des Lebensverkehrs ist.

Dieses Bild stellt den Normalzustand des Menschen dar, was seinen Umgang mit den alltäglichen Ängsten angeht. Wir sind die Einflüsterungen unserer Befürchtungen so gewohnt, dass wir sie schon gar nicht mehr als das erkennen, was sie sind: Ausdruck von Ängsten, die uns sehr oft in frühester Kindheit, eventuell aber auch erst in unserem späteren Leben von außen eingepflanzt wurden. Diesen Vorgang haben wir zumeist nicht bewusst als solchen wahrgenommen, weil wir in dem betreffenden Moment vordergründig mit anderen Dingen beschäftigt waren – etwa damit, überleben zu wollen, einen geliebten Menschen nicht zu verlieren oder die Bindung an eine Gemeinschaft aufrechtzuerhalten. In diesem Augenblick bemerkten wir nicht, dass wir von einem anderen Menschen (oder auch mehreren Menschen) bewusst oder auch unbewusst ein negatives Muster übernahmen, das uns danach oft genug durch die ganze restliche Lebensreise beschäftigt.

Nun soll es aber viele Menschen geben, denen die heisere Fistelstimme des fetten Kerls irgendwann auf die Nerven geht. Viele davon haben den inzwischen recht großen „Zwerg" gepackt und in den Kofferraum geworfen, um seine permanenten Einmischungen nicht ständig hören zu müssen.

Nun drehen sie noch das Autoradio auf kräftige Lautstärke, und keiner keucht ihnen mehr ins Ohr – außer dem Radiosprecher, natürlich. („Hier die neuesten Verkehrsmeldungen: aufgrund neuester wissenschaftlicher Untersuchungen warnt die Polizei vor allzu selbständigem Fahren. Reihen Sie sich in den gemütlichen Stau auf allen Fernstraßen ein, inhalieren Sie das Kohlenmonoxid und genießen Sie das Schneckentempo. Auf diese Weise vermeiden Sie Übelkeit Ihrer Begleitzwerge, schonen damit Ihre Sitzbezüge sowie die Fußmatten und fügen sich besonnen in den Gesamtverkehr ein.“) Dass die Fahrer aufgrund des Übergewichts im Kofferraum beim Fahren immer noch kräftig gegensteuern müssen und eine Reparatur nach der anderen haben, sind sie schon gewohnt. Aber die Betreffenden können jetzt stolz erzählen, wovon sie überzeugt sind: dass sie Ihr Auto ganz alleine fahren und nicht mehr vom dicken Zwerg belästigt werden.

Die Verdrängung einer lästigen Wahrnehmung ist, wie wir sehen, niemals die Lösung für ein Problem. Man schleppt die hemmende Energie immer noch mit sich herum. Zwar muss man sie nicht mehr ständig direkt ansehen; dennoch beeinflusst ihre Auswirkung den Lebensweg immer noch auf ganz gehörige Weise. So zu tun als ob der Zwerg nicht existierte, löst ihn nicht in Luft auf. Die Angst zu verleugnen bedeutet nicht, sie zu transformieren. Das „Gewicht im Kofferraum“ wird das Auto auf der langen Reise immer wieder ins Trudeln bringen.

Die rettende Idee, nämlich der jämmerlichen, wimmernden Gestalt beherzt in die Triefaugen zu sehen, sie am Kragen zu packen und komplett aus dem Auto zu werfen, kommt nicht vielen Menschen. Und wer sich ernsthaft mit diesem Gedanken befaßt, der bekommt normalerweise Zweifel, ob es weise sei, einen solch integralen Teil seines Lebens einfach wegzuwerfen. Wer weiß, was danach kommt? Vielleicht mögen einen die anderen Autofahrer nicht mehr so gern, wenn sie mitbekommen, wie roh und grausam man den Stinker an den Straßenrand wirft? Und hat nicht das Leben bisher recht zufriedenstellend funktioniert? Wer weiß, ob sich das Auto überhaupt vernünftig steuern lässt, wenn es so viel leichter geworden ist? Und so weiter und so weiter.

Nehmen Sie es mir nicht übel, dass ich auf diesem unerfreulichen Punkt so ausführlich herumreite. Das Leben der meisten Menschen ist nämlich bedauerlicherweise zu großen Anteilen durch Angst bestimmt. Man gewöhnt sich daran wie man sich z. B. an zu enge Kleidung oder Fast Food gewöhnen kann. Und daher ist uns, die wir gewohnheitsmäßig unter dem Eindruck dieser Ängste durchs Leben gehen, meistens überhaupt nicht klar, dass wir überhaupt Angst haben. Sehr häufig verleugnen wir auch unsere Angst, weil wir von klein auf gelernt haben, dass es eine Schande sei, ängstlich zu sein. Nur leider sind die Auswirkungen dieser Ängste trotzdem da und beeinflussen unsere Gedanken, Gefühle, Handlungen und unsere Gesundheit.

Ich möchte betonen, dass es mir nicht im Entferntesten darum geht, Ihnen *einzureden,* dass Sie Ängste haben. Vielleicht sind Sie in Ihrer Entwicklung schon so weit vorangeschritten, dass Sie mit dieser lähmenden Erscheinung nicht mehr viel zu tun haben. Dies wäre großartig. Den meisten Menschen ergeht es jedoch anders, und kaum etwas ist in der gegenwärtigen Zeit wichtiger, als sich von den Ängsten zu lösen, die uns bisher daran gehindert haben, das Steuer unseres Lebens selbst in die Hand zu nehmen, eine universale Kommunikation der Liebe und des Verständnisses unter allen Menschen zu ermöglichen.

Offenbar möchten Sie, der oder die Sie dieses Büchlein lesen, sich endgültig von diesem unliebsamen Genossen, der

Angst, befreien, und dazu beglückwünsche ich Sie jetzt schon herzlich. Man kann ein Problem umso besser handhaben, je mehr man darüber weiß, zumal wir nicht immer diejenige existenzielle, panische Angst erleben, die eindeutig als solche erkennbar ist. Oft sind die Gefühle subtiler, „leichter“, versteckter als die packende Existenzangst, weshalb wir nicht einmal auf die Idee kämen, sofort von Angst zu sprechen. Daher lade ich Sie zunächst ein, eine kleine theoretische Entdeckungsreise durch das Phänomen Angst zu machen. Anschließend möchte ich Ihnen im zweiten Teil dieses Buches einige systematische Arbeitsweisen vorstellen, die Sie befähigen sollen, in jeder Situation Ihre alltäglichen Ängste schon im Moment des Entstehens bewusst zu erkennen, zu bearbeiten und (mit etwas Übung) innerhalb kürzester Zeit den Schritt aus Ihren Ängsten heraus in Ihre ureigene Kreativität zu machen.

Lassen Sie uns also zunächst einen letzten Streifzug durch die Welt der Angst unternehmen, bevor Sie diesen unwegsamen Sumpfpfad hoffentlich für immer verlassen, um diese Welt stärker als jemals zuvor mit Ihrer positiven Kraft zu erfüllen. Nichts ist zu dieser Zeit wichtiger.

Was ist Angst?

Der Jedimeister Yoda in „Star Wars, Episode I": „Furcht ist der Pfad zur dunklen Seite. Furcht führt zu Wut, Wut führt zu Haß, Haß führt zu unsäglichem Leid."

Das Wort „Angst" ist verwandt mit dem lateinischen *angustus,* was „eng" bedeutet. Angst hat per definitionem immer mit einer Angst vor einer Bedrohung des eigenen Lebens zu tun[1]. Sie betrifft stets „das Dasein als Ganzes"[2]. Angst ist ein Affekt[3], ein Gefühl, welches sehr viel damit zu tun hat, dass wir daran zweifeln, eine Situation aus eigener Kraft kontrollieren zu können. Anders ausgedrückt: Angst spricht von mangelndem Selbstvertrauen. Sie lähmt den Geist. Wir wissen in angstvollen Momenten nicht um die wirklichen, unbegrenzten Kräfte unseres wahren Selbst, sondern zweifeln an uns, am Leben, an allem.

Man kann unterscheiden zwischen einer Angst, die „in freier Wildbahn" auftritt – etwa vor einem aggressiven Tier, vor einem gefährlichen Abgrund oder auch vor dem tosenden Verkehr auf der Schnellstraße – und der Angst, der wir im Alltag unserer Zivilisation begegnen.

Fritz Riemann in seinem klassischen tiefenpsychologischen Werk „Grundformen der Angst" vier verschiedene Formen der Angst:

- Angst vor Selbsthingabe, als Ich-Verlust und Abhängigkeit erlebt

---

[1] vgl. Herder Lexikon der Psychologie, [4]1980, S. 15
[2] Hoffmeister, Johannes: Lexikon der philosophischen Begriffe, S. 43
[3] heftige Erregung, (kurz andauernde) außergewöhnliche seelische Angespanntheit

- Angst vor Selbstwerdung, als Ungeborgenheit und Isolierung erlebt
- Angst vor Wandlung, als Vergänglichkeit und Unsicherheit erlebt
- Angst vor Notwendigkeit, als Endgültigkeit und Unfreiheit erlebt[4]

Für Leser/innen, die sich aus tieferem Interesse oder aus beruflichen Gründen mit diesen Details befassen wollen, stellt dieses Buch sicherlich eine interessante Quelle zum Nachdenken dar. Für den Menschen im Alltag jedoch, der einen praktischen Weg hinaus aus möglichst jeglicher Hemmung durch Angst sucht, ist es völlig egal, welche Art von Angst er gerade erlebt. Daher möchte ich diese tiefenpsychologischen Unterscheidungen gleich wieder verlassen und in greifbarere Gefilde vordringen.

Die Angst, die man sozusagen „in freier Wildbahn" erlebt (von Sigmund Freud als „Realangst" bezeichnet), ist ein natürlicher Reaktionsmechanismus, der gewisse sehr nützliche Verhaltensweisen hervorruft, die zur Bewahrung des eigenen Lebens dienen. Grundsätzlich stehen hier drei Muster zur Verfügung: 1. Flucht, 2. Totstellen, 3. Kampf. Dazu kommt, dass Angst – wie das Sprichwort sagt – Flügel verleiht: Sie kann enorme physische Kraftreserven freisetzen, die dem Zweck zu überleben aufs Beste dienen.

In Anbetracht eines Tigers, der Ihnen gegenübersteht, oder eines Messer zückenden Chaoten, der Sie aufs Korn nimmt, sind diese Programme unzweifelhaft sinnvoll. Dies sind reale Bedrohungen des Lebens, und es ist nur natürlich, dass wir versuchen, unser Leben zu schützen und zu verteidigen.

Doch welchen Sinn machen diese Reaktionsmuster, wenn wir einmal von außen betrachten, in welchen Situationen wir im Alltag Angst verspüren können? Lassen Sie uns einige

---

[4] zitiert nach: Riemann, Fritz: Grundformen der Angst. München [36]2004.

Beispiele betrachten, die uns, häufig unterschwellig, Furcht einflößen.

- Schlagzeilen in der Zeitung – wie z. B. „Arbeitsplätze in Gefahr!“ – „Killervirus unterwegs!“ – „Krebs auf dem Vormarsch“ – „Deutschland unter Wasser“ – „Neue Armut greift um sich“ – „Prostata und Sexprobleme“ – „Serienvergewaltiger unterwegs“ – „Ozonloch drastisch vergrößert“ usw. usf.
- Berichte über Tod, Krankheit, Katastrophen in den Massenmedien
- Auseinandersetzungen mit anderen Menschen über kontroverse Themen, Streit
- Reden, Vorträge, Auftritte
- Begegnungen mit ungeliebten Bekannten
- Unbekannte Lebenssituationen[5]

Ist unser Leben bedroht, wenn wir einem Kollegen, unserem Vorgesetzten, einem unliebsamen Nachbarn begegnen? Werden wir sterben, wenn wir ein Referat vor einer Zuhörerschaft halten sollen, selbst wenn es mißlingen sollte? Sicher können wir diese Frage eindeutig verneinen. Dennoch erleben wir subjektiv das Angstgefühl – und oft verleugnen wir es, weil wir von anderen gelernt haben, dass es eine Schande sei, ängstlich zu sein. „Angst hab ich nicht, ich bin nur ein bißchen nervös“.

Eine der größten Schwierigkeiten, denen wir begegnen, wenn wir ängstlich werden, ist die Unehrlichkeit. Wer ist

---

[5] Ein Sonderfall von Angst kann eintreten, wenn wir neue, völlig unbekannte Bereiche des Lebens betreten. Nicht umsonst heißt es z. B. in der Therapie oft: „Wo die Angst ist, da geht der Weg hin“. Angst begegnet uns auch vor neuen Schwellen, vor dem Gang ins Unbekannte – ebenso wie vor einer entscheidenden Energie, der man in einer therapeutischen Situation begegnet. Hier zeigt uns die Angst, wo wir beginnen, unsere Grenzen zu erweitern und ist bis zu einem gewissen Grad natürlich.

schon bereit, vor sich selbst oder gar vor anderen zuzugeben, dass er Angst hat? Wir rationalisieren; wir führen Vernunftgründe an; wir ziehen uns zurück; wir tun so, als ob wir etwas gar nicht bemerken würden... Die Mechanismen, die wir erfunden haben, bleiben erhalten, um uns vor unseren Ängsten zu verkriechen.

Solange wir uns in diesen Verdrängungs- und Verleugnungsmechanismen befinden, können wir keinesfalls Herr der Lage sein. Wir können Angst keinesfalls bearbeiten und transformieren, solange wir entgegen den Tatsachen behaupten, sie sei nicht vorhanden.

Der erste Schritt, die Angst aus dem eigenen Leben zu entfernen, ist also: sie anzuerkennen, zumindest vor sich selbst zuzugeben, dass sie in einem bestimmten Moment da ist, und sich in der notwendigen Besonnenheit zu üben, in diesem selben Moment daran zu arbeiten. Und falls Sie irgendwie noch glauben sollten, dass es eine Schande sei, Angst zu haben, so lassen Sie mich Ihnen versichern: es ist *keine* Schande!

Wichtige Punkte:

- Angst steht immer in Beziehung mit einer realen oder vermeintlichen Bedrohung des Lebens
- Aufgrund gesellschaftlicher Traditionen wird Angst oft verleugnet

Ohne den *Mut,* die Angst anzuerkennen, ist ein Ausweg unmöglich.

Woran erkennt man die eigene Angst?

Wir haben gesehen, dass es für den Einzelnen nicht darauf ankommt, eine typologische Analyse des eigenen Angstzustandes anzustellen. Stellen Sie sich bloß mal vor, wie hilfreich es für jemanden wäre, der für eine Präsentation auf die Bühne muss und sich in diesem Moment schwitzend fragen würde, ob er nun eine Angst vor Ungeborgenheit oder eine Angst vor Endgültigkeit spürt.

Worauf es demnach wirklich ankommt, ist, einen authentischen Zugang zum eigenen Körpergefühl und zur eigenen Befindlichkeit zu entwickeln. Wir müssen nicht wissen, was für eine *Art* von Angst wir haben; wir sollten an bestimmten Symptomen erkennen können, dass *überhaupt* eine solche vorhanden ist! Und es ist völlig normal, anfänglich Schwierigkeiten damit zu haben, die eigene Ängstlichkeit auch nur wahrzunehmen, weil wir sie schon so oft vor uns selbst verleugnet haben.

Der lateinische Ursprung des Wortes „Angst", *angustus* = „eng", gibt uns die Grunddefinition für alle Symptome, die mit Angst einhergehen:

Man fühlt sich in irgendeiner Form eingeengt.

Und was tut man im Allgemeinen, wenn man sich eingeengt fühlt?

Man atmet flacher oder hält sogar die Luft an.

„Der Atem stockt", wenn man erschrickt oder ängstlich wird, das heißt: Man hält unwillkürlich die Luft an. Die nächste Frage ist natürlich: Was passiert, wenn der Körper nicht genug Sauerstoff bekommt? Dieser Körper bekommt reale

Überlebensangst und gibt seinem Bewohner entsprechende unliebsame Botschaften, die den sowieso schon problematischen Zustand nicht eben verbessern: Beklemmungsgefühl, Zittern, Denkblockade, Schweißausbruch, Verkrampfung, Harndrang und dergleichen mehr.

Der gesamte Energiefluss auf allen Ebenen wird gestört. Wir nutzen dazu auch unbewusst die strategisch günstigen Körperteile: Die schmaleren Partien wie Hals und Taille sind bestens dazu geeignet, Energie abzuklemmen. Daher „schnürt es einem den Hals zu“: Die Stimme wird heiser und eng. Der Bauch verspannt sich: Es „schlägt einem auf den Magen“; das Zwerchfell bewegt sich nicht mehr frei.

All dies sind Symptome unserer Ängstlichkeit, die jeder kennt, aber viele schon gar nicht mehr wahrnehmen, weil wir gewohnt sind, sie zu unterdrücken oder zu ignorieren. An dieser Stelle werfen wir den häßlichen dicken Zwerg in den Kofferraum! Und obwohl wir ihn dann nicht mehr direkt ansehen müssen, wirkt sich seine Präsenz dennoch aus.

Natürlich treten diese Symptome nicht immer alle auf einmal zu Tage, und auch nicht unbedingt in massiver Stärke. Hier reagiert jeder ein wenig anders. Oft wird man auch nicht von richtiggehenden Angstzuständen sprechen wollen, sondern eher von einer leichten Ängstlichkeit. Aber diese Ängstlichkeit stellt die Tür dar, durch die man in echte Angstzustände gelangen kann. Genau darum ist es wichtig, dass Sie selbst durch wache, lebendige Aufmerksamkeit auf sich selbst, auf Ihren Körper, auf Ihre Gefühle ein Gespür dafür entwickeln, wie Ihre persönliche Befindlichkeit ist und wie Ihr individuelles Reaktionsmuster aussieht. Selbstverständlich heißt das nicht, dass man sich ab sofort nur noch mit sich selbst beschäftigen sollte! Dies wäre Selbstverliebtheit. Wer sich hauptsächlich mit seinen eigenen Reaktionen befaßt, nutzt weder sich selbst noch seiner Umgebung. Doch ist eine Fähigkeit zur vorurteilsfreien Selbstwahrnehmung eine wesentliche Qualität, ohne die eine Meisterung des eigenen Lebens unmöglich ist.

Das wesentliche Kernsymptom von Angst ist also offensichtlich die Blockade des Atems. Wir werden uns daher im praktischen Teil als erstes damit beschäftigen, eine Verbindung herzustellen, die lautet: „Bei Angst sofort bewusst atmen“! Und um dies bewerkstelligen zu können, empfehle ich Ihnen, ab sofort mit größerer Aufmerksamkeit auf Ihren Körpertonus zu achten. Fühlen Sie sich öfter in Ihren allgemeinen Spannungszustand hinein, kontrollieren Sie, ob Ihr Atem weich, frei, tief und ungestört fließt. Kommunizieren Sie oft mit Ihrem Körper und entwickeln Sie so eine Wachsamkeit für Ihren energetischen Zustand. Diese positive Selbstkontrolle macht es Ihnen möglich, gezielt in unliebsame Zustände einzugreifen und sie zum Positiven zu verändern.

Einige weitere häufige Angstsymptome, die ich Ihnen als Denkanstöße vorstellen möchte, äußern sich nicht direkt körperlich, sondern vielmehr in unserem Verhalten:

Symptom	die dahinterstehende Angst könnte sein…
1. Ausweichen vor einer Situation, Wegsehen	*vor Wahrnehmung des tatsächlichen Lebens, vor Berichtigung des eigenen Weltbildes, vor eigenem Versagen im Handeln*
2. Ausweichen vor bestimmten Menschen; Umwege machen, um jemanden nicht treffen zu müssen	*vor der scheinbaren „Macht" des anderen über einen selbst, vor der Auseinandersetzung mit anderen Standpunkten*
3. „Verirren" auf dem Weg zu einer bestimmten Gegebenheit	*vor dem, was man dort anzutreffen erwartet*
4. das „Schwarze Loch im Kopf", die berühmte Denkblockade	*vor der eigenen Fähigkeit, die Situation zu lösen vor der Selbstverantwortung; vor dem Unbekannten*
5. Sätze wie „Ich fürchte, dass…", „Ich habe Angst, dass…", „Ich befürchte…"	*vor Machtlosigkeit, vor Selbstverantwortung*
6. Sätze wie „Ich hab doch keine Angst vor…", „Glaubst du, ich bin ein Feigling?"	*davor, dass andere die eigene Angst erkennen „Angst ist eine Schande"*
7. Gedanken kreisen um negative Vorstellungen	*fehlendes Urvertrauen; das Leben scheint voller Gefahren und Risiken*
8. Meinungsstreit; Streit um Worte ohne Berücksichtigung des Bedeutungsgehaltes	*davor, nicht Recht zu haben; „man ist nur als Winner etwas wert, nicht als Loser"*
9. endloses Argumentieren, z. B. um „Recht zu haben" bzw. einen Irrtum nicht zugeben zu müssen	*wie Punkt 8. Angst, einen Fehler zuzugeben.*
10. In prekären Situationen alles ins Lächerliche ziehen („wie kann man sich da bloß so aufregen?")	*vor der Konfrontation mit der Realität und der Eigenverantwortung für die Situation*
11. Aufrechterhalten von Erwartungen ans Leben, von Weltbildern; Ablehnung der Realität	*davor, dass das Leben (oder auch man selbst) anders sein könnte als man es gerne hätte*
12. „blinder Eifer"	*vor dem wahren Problem, das von der Betriebsamkeit überdeckt werden soll*
13. ständige Suche noch Lob und Anerkennung	*davor, nicht gut genug zu sein, Angst, ohne Leistung nicht geliebt zu werden*
14. Passivität, Resignation, Pessimismus	*vor der eigenen Verantwortung*
15. unterentwickelte Bereitschaft zu geben, Geiz	*vor Mangel*
16. im Extremfall: Fluchtimpuls / Angriffsimpuls / „Totstellen", „Übersehen"	*Übersteigerung einer der angeführten Punkte*

Jeder von uns hat sich schon einmal solcher oder ähnlicher Verhaltensmuster bedient, um einer Situation auszuweichen, vor der er Angst hatte. Es ist leicht zu erkennen, dass solche Reaktionen absolut nichts an positiven, konstruktiven Ergebnissen nach sich ziehen können. Wenn sich schließlich auch noch unser Gegenüber in solche Verhaltensweisen rettet, entsteht zwangsläufig eine massive Abwärtsspirale. So bringt eine negative Energie die nächste hervor; eine Kettenreaktion der Angst mit allen Folgeerscheinungen spielt sich ab – wie sollte da auf der Welt Frieden entstehen?

Die einzige Möglichkeit, die ich erkennen kann, wie unsere Gesellschaft von negativen Angstmustern in die Bereiche positiver, aufbauender Kommunikation mit entsprechenden globalen Ergebnissen gelangt, ist die ehrliche, authentische Arbeit vieler Menschen an sich selbst, an den eigenen Ängsten und den daraus resultierenden Verhaltensweisen. Es gehören Mut und Ausdauer dazu, sich diesen Ängsten zu stellen. Und genau diese Arbeit muss getan werden, um das Leben wieder konstruktiv, heilsam und friedensgebietend zu beeinflussen.

Wichtige Punkte:

- Angst engt ein – körperlich wie seelisch
- Angst hemmt den Atem
- Angst stört den natürlichen Energiefluß
- Angst führt zu unehrlichen, maskierenden Verhaltensweisen
- Angst führt also zu Lüge und Krankheit

Der Ausweg führt über authentische Selbstbeobachtung, Ehrlichkeit, positive Kontrolle der eigenen Energie und Korrektur seiner selbst.

Mögliche körperliche Auswirkungen von Angst

Angst ist eine wesentliche Ursache oder ein Verstärker für viele Krankheiten[6]. Man unterscheidet auf dieser Ebene drei Bereiche, in denen sich Angst manifestieren kann:

- Direkte körperliche Auswirkungen von Angst
- Angst als Auslöser oder Verstärker anderer Krankheiten
- Angst als eigenständige Krankheit

Eine kurze Betrachtung der körperlichen Auswirkungen liest sich wie eine Aufzählung vieler sehr verbreiteter „Zivilisationskrankheiten".

Direkte körperliche Auswirkungen

Eine Lähmung der intellektuellen Fähigkeiten verhindert klares Denken und ein flexibles Einstellen auf die Erfordernisse der jeweiligen Situation. Die Gedächtnisleistung verringert sich, unsere Reaktionsfähigkeit ist stark eingeschränkt.

Die lähmenden Eigenschaften der Angst schlagen sich auch auf die motorischen Fähigkeiten der Muskulatur nieder. Wir alle wissen aus Erfahrung, dass sich der Gesichtsausdruck unwillkürlich ändert, wenn wir ängstlich sind. Im Angstzustand wird das Blut im ganzen Körper umverteilt. Prinzipiell gilt, dass die Skelettmuskulatur stärker durchblutet wird und sich verspannt; dafür verengen sich die Gefäße vor allem in der Haut und im Verdauungstrakt. Die Durchblutung der Muskulatur dient offensichtlich einem Flucht- oder Verteidi-

---

[6] Schmidt, Robert F. u.a.: Physiologie des Menschen. Wien/New York [21]1983, S. 153. – Golenhofen: Physiologie Lehrbuch, München 1997, S. 261. – Pschyrembel Klinisches Wörterbuch. Berlin/New York [256]1990, S. 69, 72 f.

gungsimpuls; die meisten anderen Körperfunktionen werden vorübergehend zurückgestellt. Wir erkennen unschwer, dass länger andauernde Angstzustände tiefgreifende Auswirkungen auf die Verdauung haben können.

Wenn wir nun die Störungen betrachten, die von der Fachliteratur in Bezug aufs vegetative System[7] unseres Körpers beschrieben werden, fällt es uns wie Schuppen von den Augen: Die mittlerweile als ganz normal betrachteten Begleiterscheinungen unseres Lebens scheinen zu einem großen Anteil in Verbindung mit Ängsten zu stehen[8]. Dazu gehören: Schlafstörungen, Schweißausbrüche, Verdauungsstörungen (z. B. Magenverstimmung, Durchfall, Übelkeit), Bluthochdruck (Hypertonie), Steigerung der Herzfrequenz (Tachycardie), unregelmäßiger Herzschlag (Extrasystolen), Mundtrockenheit, Pupillenerweiterung und dergleichen mehr. Auch die Funktionen von Niere und Leber werden beeinträchtigt.

Es soll hier nicht behauptet werden, nur Angst allein sei der Auslöser für all diese Symptome. Sicherlich wäre es trotzdem sinnvoll, sich einmal mit der Frage zu beschäftigen, welche Ängste jemand in seinem Leben unbewusst mit sich herumschleppt, wenn man unter solchen Erscheinungen leidet.

---

[7] Als „vegetativ“ werden alle Vorgänge in unserem Körper bezeichnet, die normalerweise unserer willentlichen Steuerung nicht unterliegen.

[8] Man muss jedoch in diesem Zusammenhang erwähnen, dass viele unserer heutigen lebensfeindlichen Technologien wie z. B. die Mobilfunktechnik oder die Atomkraft viele gleiche oder ähnliche Symptome hervorrufen, wie in vielen Forschungen bewiesen wird, deren Ergebnisse uns von der einschlägigen Industrie vorenthalten werden. Auch die ständige technische Hintergrundstrahlung trägt dazu bei, nicht nur Krankheits-, sondern auch Angstzustände in der Menschheit hervorzurufen und/oder zu verstärken.

Auslösung oder Verstärkung von Krankheiten

Menschen, die häufig ängstlich sind, leiden vermehrt unter Asthma bronchiale, einer Verkrampfung der Luftwege. Ebenso ist Angina, insbesondere Angina pectoris, eine Krankheit, die sehr häufig durch Angst ausgelöst wird. Allein der Name dieser Krankheit weist ebenso wie das Wort Angst auf die lateinische Wurzel *angustus* = eng hin. – Des Weiteren verstärken sich natürlich alle oben beschriebenen vegetativen Symptome im Angstzustand, besonders wenn jemand zu Bluthochdruck oder Herzrhythmusstörungen neigt.

Angst als eigenständige Krankheit

Man nennt dieses Phänomen eine „Angststörung". Mehr als ein Viertel der Bevölkerung leidet darunter. Unter einer Angststörung versteht man all jene Ängste und Befürchtungen, die uns daran hindern, ein unbeeinträchtigtes Leben zu führen, und die weder als gehirnorganisch diagnostiziert werden noch auf eine andere körperliche oder seelische Störung zurückgeführt werden können. Angststörungen beginnen oft schon im Kindes- oder Jugendalter. Weil man die Ursache nicht erkennt oder verleugnet, bahnt sich hier oft ein Weg in Alkoholismus oder Drogenmißbrauch.

Ernsthafte Angststörungen müssen von Fachleuten behandelt werden. Um eine wirkliche Heilung herbeizuführen, ist es wie bei jeder anderen Krankheit natürlich auch hier notwendig, an die Wurzel des Problems zu gehen. Eine medikamentöse Unterdrückung der Symptome kann nur die äußeren Auswirkungen der Angst blockieren. Da die Ursachen auf solche Weise nicht aufgelöst werden, bleibt die zugrundeliegende Angst existent, und der Betreffende ist möglicherweise ein Leben lang abhängig vom Konsum pharmazeutischer Produkte.

So wird es offensichtlich, in welchem Maße die Angst unser tägliches Leben unterwandert und – sehr oft völlig außerhalb unseres wachen Bewusstseins – den Alltag kontrolliert. Es liegt auf der Hand, dass die Abnahme von Angst in der Menschheit automatisch zur Zunahme von klarem Denken, Kraft, Freude und Gesundheit führen wird. Indem Sie selbst immer freier von Angst werden, tragen Sie enorm zur Heilung der ganzen Gesellschaft bei!

Was macht uns Angst?

Der Sinn dieses Kapitels ist, Sie ein wenig zu sensibilisieren für die vielen un-natürlichen Angstquellen, die uns täglich begegnen. Diese beeinflussen uns zum großen Teil unbewusst; das macht sie so gefährlich. Und da wir durch Angst und schlechtes Gewissen (also die Angst vor Strafe, vor Mißachtung oder Ungeliebtsein) prächtig manipuliert werden können, sehen wir unser Bewusstsein jeden Tag richtiggehenden Angriffen ausgesetzt. Ja, wir befassen uns hier mit den Hauptmanipulationswerkzeugen der Menschheit: durch Angst und schlechtes Gewissen konnten wir bereits als Kinder manipuliert werden, und da wir gelernt haben, auf diese Reize auf eine ganz bestimmte Weise zu reagieren, werden wir auch heute als Erwachsene noch damit manipuliert – aber eben nur, solange wir dieses Spiel mitspielen. In dem Moment, da Sie die Mechanismen durchschauen, steigen Sie aus und werden selbständiger als jemals zuvor.

Ich empfehle für dieses Kapitel, eine betrachtende, etwas distanzierte Haltung einzunehmen und ganz nüchtern-sachlich mit dem umzugehen, was wir im Folgenden betrachten. Selbst wenn Sie bereits einen kritischen[9] Blick für die Weltereignisse entwickelt haben, kann es nicht schaden, sich einmal mehr zu vergegenwärtigen, was da Tag für Tag auf uns einströmt.

---

[9] Griech. *krinein* bedeutet „scheiden, trennen, unterscheiden“. Das wahre Wesen von Kritik ist also Unterscheidung, ein gereiftes *Unterscheidungsvermögen.* Das setzt voraus, dass der Kritisierende über das, was er kritisiert, genau Bescheid weiß, und zwar weil er die Materie selbst beherrscht und sie nicht nur vom äußeren Anschauen her kennt. – Heutzutage verstehen wir unter „Kritik“ leider oft eine abwertende, selbstherrliche Überlegenheitshaltung, die mit echter Kritik nichts zu tun hat.

Liebesentzug

Wir beginnen damit, uns in Erinnerung zu rufen, wie Millionen von Kindern erzogen wurden und leider immer noch viel zu viele Kinder erzogen werden. Wenn das Kind gemäß den erzieherischen Vorgaben funktioniert, ist alles gut, und es bekommt das Gefühl, geliebt und akzeptiert zu sein. Schert es aus den Vorgaben und Normen aus, wird es isoliert, lächerlich gemacht und bekommt wenig oder keine Zuwendung.

Wenn wir uns einmal ehrlich unsere menschlichen Beziehungen ansehen, vielleicht sogar bis hin zu unserer Partnerschaft, so können wir häufig dieselben Strukturen feststellen. Die gegenseitigen Manipulation- und Erpressungsversuche haben immer damit zu tun, dass A versucht, B Angst vor irgendetwas zu machen, damit A bekommt, was er gerade wünscht. Es gehört sehr viel dazu, aus diesem Machtspiel auszusteigen und den Anfang zu machen, auf ein anderes Level zu gelangen. Oft wird es einem nicht gedankt, weil der jeweilige Gegenüber gewohnt ist, in den vertrauten und festgefahrenen Strukturen zu denken und zu wirken.

Betrachten wir diesen Mechanismus, wird uns klar, dass auch Erwachsene Angst vor Liebesentzug haben. Vor allem aber ein Kind bekommt bei Liebesentzug immer das Gefühl, dass sein Leben bedroht ist. Wie soll es überleben, wenn es nicht geliebt wird? Liebe und Leben sind im kindlichen Bewusstsein noch gleichgesetzt. Oft verlieren wir dieses Gefühl im Erwachsenenalter, obwohl es in Wahrheit vollkommen zutreffend ist. – Wir berühren hier erstmals einen zentralen Zusammenhang zwischen Angst und Liebe, den wir später noch genauer untersuchen werden.

Man ist heute von offizieller Seite schnell dabei, unorthodoxe Glaubensgemeinschaften als gefährliche Sekten zu verteufeln. Die auf wirksame Weise geschürte Angst vor Gehirnwäsche, Fanatismus, Abzocke und Abhängigkeit zahlt sich für die alteingesessenen Kirchen insofern aus, als sie die Gottsuchenden bei der Stange halten. Betrachten wir aber die Mittel, mit denen die Amtskirchen selbst über Jahrhunderte die Gläubigen in *ihren* Reihen gehalten haben, so entdecken wir ein Sammelsurium der abscheulichsten Drohungen.

Man erzählte der Christenheit in den schrecklichsten Bildern von Gottes rachsüchtigem Zorn, der sie bei Ungehorsam heimsuchen würde[10]. Das Fegefeuer und die Hölle bildeten die Einheit der gräßlichen Strafen, die den Menschen angeblich erwarten sollten, wenn er sündig stirbt. Da aber alle Menschen aufgrund des Dogmas der „Erbsünde“ von vornherein klein und schlecht gemacht wurden, gab es davor kein wahres Entrinnen, höchstens eine Art frühere Begnadigung, wenn man bestimmte Voraussetzungen erfüllte (etwa Ablaßzahlungen oder regelmäßiger Beichtgang). Die Exkommunikation bedeutet den Ausschluss aus der „Gemeinschaft der Heiligen“, damit also Verdammung. Und bis zum heutigen Tag lehren die meisten westlich geprägten Kirchen die Existenz der „Hölle“ als Ort ewiger Verdammnis, in die ein Mensch bei fehlender Reue angesichts seiner Todsünden geschleudert wird[11].

Übrigens sind nach dieser Lehre so gut wie alle Menschen, die vor Jesu Geburt gelebt haben, in diese Hölle gelangt – egal, ob sie gut oder böse waren[12]! Wir begegnen hier also einem zentralen Vorwurf, den die Amtskirchen gegenüber

---

[10] Besonders eindrucksvolle Beispiele finden sich hierzu bspw. in 5.Mos28, 15-68 mit besonderem Verweis auf die Verse 53-57.
[11] Vgl. Katholischer Katechismus, Abschnitte 633/1861.
[12] Ebd.

„Sekten“ erheben: die Abhängigkeit des Menschen einer einzelnen, unwiederholbaren Heilsfigur – in diesem Falle dem Meister Jesus[13] –, ohne die keine Gnade und Erlösung möglich ist. „Glaube, was wir dir erzählen oder wandere in die Hölle.“ Vor dieser Alternative steht die westliche Christenheit seit 2.000 Jahren.

Eine weitere, sehr wirksame Methode zur Kontrolle des menschlichen Lebens bestand darin, die Lehre von der Reinkarnation aus dem kirchlichen Lehrgebäude zu entfernen. Die gnadenvolle Perspektive, dass jeder Mensch beliebig viel Zeit hat, um sich selbst zu entwickeln und zu vervollkommnen, wurde per Dogma verboten[14]. An die Stelle dieses Urwissens der Menschheit trat die Kirchenlehre, dass wir nur ein einziges „Entweder-Oder-Leben“ haben, nach dem wir, ausschließlich abhängig von Gottes Gnade (derer wir uns keineswegs sicher sein durften) eventuell doch noch in den Himmel kommen könnten – wenn wir viel Glück haben. Dazu kam noch die Legende vom zornigen Rachegott und die unmögliche Forderung, diesen gleichzeitig zu fürchten *und* zu lieben! Entsprechend kann eine Kirche der Furcht niemals gleichzeitig eine Kirche der Liebe sein.

---

[13] die Betonung liegt hier auf *Abhängigkeit.* Die Lehren jedes Meisters können ihren Nachfolgern letztendlich zur „Erlösung“ verhelfen, egal wie man diese definiert. Eine große Verdrehung der Wahrheit liegt aber darin, wenn man behauptet, ohne den Glauben an eine ganz bestimmte, geradezu exklusive Figur würde man die Seele verlieren.

[14] die Reinkarnation war zu Jesu Lebzeiten allgemeines fundamentales Grundwissen; der große Meister lehrte auch auf dieser Basis (vgl. Joh 9, 1 ff.; Mt 11, 14; Mk 9, 10-13). Die Reinkarnation wurde im Jahre 451 sogar kirchlich bestätigt. Erst auf Betreiben der römischen Kaiserin Theodora wurde die Lehre von der Wiedergeburt im Jahre 553 durch das Fünfte Allgemeine Konzil von Konstantinopel zur ketzerischen Irrlehre erklärt. Theodora war zu diesem Zeitpunkt bereits gestorben, doch setzte ihr kaiserlicher Gemahl Justinian diese Entscheidung durch, um seine ehemalige Frau, ihrem Wunsch entsprechend, als Göttin verehren zu lassen.

Man kann an der geschichtlichen Überlieferung erkennen, wie wirkungsvoll diese Schreckensbilder waren, um die Menschheit zu kontrollieren. Da die meisten Menschen der westlichen Hemisphäre aus dieser Tradition kommen, ist es kaum verwunderlich, wenn in uns noch diese Urängste vor dem uns vermittelten Gottesbild, vor totaler Verdammnis und vor der Abhängigkeit von einer äußeren Priesterschaft stecken.

Medien

Von Kindesbeinen an sind wir konfrontiert mit einer völlig unüberschaubaren Medienlandschaft. Nicht einmal vor Kaufhäusern, Cafés, öffentlichen Plätzen, Schaufenstern oder Restaurants macht der Strom der Medienflut halt. Gerade durch die Medien wird der Mensch pausenlos in Angst und Unsicherheit gehalten, zumal der Grundsatz gilt. „Bad news are best news“[15].

Die geballte Kraft von zusammenhanglosen Katastrophenberichten, Mangelerscheinungen (Wasser, Energie, Nahrung, Geld, Arbeitsplätze), Verbrechen, Terrorismus, Gewaltfilmen kann nicht spurlos an der menschlichen Seele vorübergehen. Endlose Talkshows, verwirrendes Infotainment, sich widersprechende „Expertenaussagen“ überschwemmen uns darüber hinaus mit einer Vielzahl von „Meinungen“ und „Einschätzungen“, die es uns selbst kaum möglich machen, eine Situation wirklich realistisch einschätzen zu können. Unser Geist wird also in einer ständigen Unsicherheit gehalten. Unsicherheit muss zwar nicht zwangsläufig in Angst umschlagen, doch geschieht dies sehr schnell, wenn man vor existentiellen Fragen steht – wie z. B.: „Soll ich mein Kind nun impfen lassen oder nicht?“. Im Zweifelsfall folgt man der Seite, die den größten Druck macht, und dies sind heute die Vertreter der Seite, die hinter Geld und Macht herjagt.

---

[15] „Schlechte Nachrichten sind die besten Nachrichten“.

Die reißerischen Bilder, mit denen uns die Medienlandschaft ständig konfrontiert, tragen das Übrige zur permanenten Verunsicherung des Geistes bei. Gerade Bilder von Katastrophen (Naturkatastrophen, Massenkarambolagen, Morde, Vergewaltigungen, andere Verbrechen, Geiselnahmen...), von Mangelerscheinungen (Grundnahrungsmittel, Wasser, Wohnraum, Arbeitsplätze, Medikamente...) und Gewalt spielen ständig mit unseren tiefsitzenden und völlig realen Existenzängsten, auch wenn dies nicht immer in unser Bewusstsein vordringt.

Die jeweils neuesten Seuchenmeldungen, die nach offiziellen Warnungen wieder ganze Länder, ganz Europa oder gar die ganze Welt bedrohen sollen, lösen einen Ansturm auf Impfstoffe, Medikamente, Vorsorgemaßnahmen aus, die letztendlich nur einem nützen: dem nämlich, der daran verdient. Aber man sieht hier, wie perfekt die Angstmaschinerie funktioniert: man kontrolliert Millionen von Menschen und Milliarden von Euro durch gut plazierte negative Meldungen.

Unglücklicherweise wird genau diese Ausrichtung von der Sensationslust der Menschheit gefördert, wenn nicht sogar gewünscht. Und heute verkauft sich ein neuer Kinothriller desto besser, je subtiler (oder auch brutaler) er mit den Ängsten der Menschen spielt.

Wenn wir uns jetzt fragen, warum diese Angstmaschinerie weltweit rund um die Uhr läuft, so liegt die Antwort auf der Hand: Weil Menschen, die Angst haben, sehr gut zu lenken sind.

Einfache Beispiele wären: die Panik, die um die Jahreswende 2002/2003 in Amerika vor einer Pockenepidemie geschürt wurde, die Angst vor SARS, Anthrax oder auch die Anschläge vom 11.9.2001 aufs World Trade Center. Alle diese Phänomene ließen erkennen, wie gehorsam ganze Völker den Vorgaben von Politik und Industrie folgten. Man kaufte, was empfohlen wurde – seien es Atemschutzmasken, Klebeband oder Medikamente; man stimmte rigider Gesetzgebung zu, die keinerlei Privatsphäre mehr garantierte; man gab der öffentlichen Hand sogar eine gewisse Rückendeckung für kriegerische Handlungen, die sonst kein Mensch unterstützt hätte. Man kann auf der Klaviatur der Angstmaschinerie sehr virtuose Piècen spielen, wenn man sie richtig bedient.

Angst macht kontrollierbar, weil das gesunde, eigenständige Denken ausgeschaltet wird. Daher ist die Bewältigung von Angst *der* entscheidende Faktor, wie wir aus der Massenenergie heraustreten und kreativ, aufbauend und alternativ im besten Sinne des Wortes denken und handeln können, ohne gleich demjenigen nachzurennen, der am lautesten schreit.

Versicherungsgeschäft

Das Geschäft mit den Versicherungen ist zu großen Teilen ein Geschäft mit der Angst. – Es soll hier nicht dem grundsätzlichen Sinn widersprochen werden, in unserer gegenwärtigen, oft äußerst unsicheren, Zeit eine Haftpflichtversicherung zu haben, und niemand will Sie davon abhalten, eine Versicherung abzuschließen, wenn Sie wirklich eine brauchen.

Doch auch hier geht es darum, worauf unser Bewusstsein (und damit unsere Lebensenergie) ausgerichtet wird. Gerade im Versicherungsgeschäft wird das Bewusstsein immer wieder auf „Risiken" gelenkt und damit Angst zum Zwecke des Geschäftemachens oder der Kontrolle geschürt[16]. Sei es die

[16] In anderen Bereichen erstreckt sich dieses Vorgehen auf ganz natürliche und alltägliche Vorgänge, wie z. B. eine Schwangerschaft, die inzwischen fast als riskante und gefährliche Krankheit behandelt wird. Ebenso spricht man im Zusammenhang mit Autofahren, bei Geldgeschäften und anderen ganz gewöhnlichen Dingen zunehmend von Gefahren und Risiken. Ganz zu schweigen von den vielen Risiken, die die weltweit propagierte Terrorismusszene für uns darstellen soll. Daraus entsteht ein völlig überzogenes Sicherheitsdenken, das einen permanenten unterschwellig ängstlichen Bewusstseinszustand wachhält.

Gefahr von Gesundheitsgefährdung, des Arbeitsplatzverlustes oder der Vermögenseinbuße – für alles steht eine Versicherung bereit, die natürlich „nur unser Bestes will“[17]. Das Tollste dabei ist die „Lebens“versicherung. Wer soll denn unser Leben versichern? Und was nützt es unserem Leben, wenn die Summe nach unserem Ab-Leben ausgezahlt wird?

Jeder Euro, den Sie monatlich für eine Versicherung ausgeben, die Sie aus Angst abgeschlossen haben, bestätigt diese Angst erneut. Auch wenn Sie diese Versicherungsprämie gar nicht mehr bewusst wahrnehmen, wird der Betrag von Ihrem Konto abgebucht, und damit geht ein Teil Ihrer Energie in den Bereich unterschwelliger Angst.

Vielleicht wollen Sie einmal prüfen, welche Möglichkeiten Ihnen im Gegensatz dazu die Pflege Ihres Optimismus, Ihrer Gesundheit, Ihrer kreativen Kraft eröffnet, und welche Stärke Ihnen daraus erwächst, diese Eigenschaften zu leben? Die Zuversicht ins Leben und sein Wohlwollen Ihnen gegenüber, Ihr Vertrauen in die eigene schöpferische Kraft eröffnen Ihnen neue Bahnen und Perspektiven – anders als eine kleine graue Versicherungspolice für den „Fall aller unwahrscheinlichen Fälle“.

---

[17] Ein groteskes Beispiel erlebte ich, als mir aus heiterem Himmel von einem sehr bekannten deutschen Automobilclub per Post ein Umschlag zugeschickt wurde, in dessen Klarsichtfenster eine Art Kreditkarte zu sehen war. In reißerischer Schrift stand neben diesem Stück Plastik zu lesen: „DIESE KARTE KANN IHR LEBEN RETTEN!“. Überflüssig zu sagen, dass mir dieser „wohlwollende“ Club auf solch skrupellose Weise eine Versicherung verkaufen wollte.

Krankheit und Tod

Wir erleben jeden Tag, wie das Bewusstsein über die Medien in die Angst vor Erkrankung, Siechtum, Seuchen, Mangel und Tod gesteuert wird. Die Tagesnachrichten machen hierbei den Anfang. Werbung, Plakatwände und Broschüren übernehmen den Rest. Die „Patentrezepte“ gegen die jeweils medienwirksam vorgestellte Grausigkeit werden häufig gleich mitgeliefert; meist besteht dieses Patentrezept aus einem Spendenaufruf, einem Spezialgerät oder einem pharmazeutischen Artikel.

Halten wir uns zwei wesentliche Kernsätze vor Augen, die für Menschen wichtig sind, die aus der Tretmühle zeitgemäßer Zwänge aussteigen wollen. Diese Kernsätze lauten: *„Cui bono?“* und *„Follow the money“!*[18] Die Antworten zeigen klar, wer am Hebel dieser Angstmaschinerie sitzt.

Klatsch und Tratsch

Wäre es möglich, dass Klatsch und Tratsch mehr Leben ruiniert haben als jede andere negative Energie auf diesem Planeten? Ich meine hier nicht nur das Leben der vielen Wehrlosen, über die von Leuten, die nichts Besseres mit ihrer Zeit anzufangen wussten, schreckliche und meist unwahre Gerüchte in Umlauf gesetzt wurden. Ich meine auch das Leben dessen, der sich auf jede Einflüsterung einlässt.

Hast du schon gehört? Weltweite Gefahr. Unkontrollierbare Seuchen. Meinen Nachbar hat‘s schon erwischt. Schrecklich. Es kommt immer näher. Das kann nicht gut gehen. Keiner ist mehr sicher. Man kann niemandem mehr vertrauen. Keiner ist mehr sicher. Immer mehr Gewalt. Mal sehen,

---

[18] *Cui bono,* lat. für: „Wem nützt es?“/ *“Follow the money“,* engl. für: „Folge dem Geld“, d. h. sinngemäß: sieh hin, wer von einer Sache profitiert, und du hast die Ursache bzw. den Drahtzieher für das Problem gefunden.

wann's bei uns so weit ist. Kann nicht mehr lange dauern. Alles geht den Bach runter.

Seien Sie ehrlich: Wie oft haben Sie sich schon auf solche Gespräche eingelassen? Welche Wirkung haben solche Parolen auf Sie, auf Ihr Gemüt, auf Ihre Kreativität? Wir werden gelähmt durch solches Gerede. Nichts Aufbauendes ist darin zu finden, keine Ermutigung, kein Ansporn für Selbstverwirklichung und konstruktives Handeln. Solche Klatschgeschichten verstärken wirkungsvoll die Angstmühle der Medien, sogar wenn die Glotze gerade mal ausgeschaltet ist.

Wenn Sie sich ab sofort von solchen Kantinen-, Kneipen-, Telefon- und Schreibtischgesprächen fernhalten, werden Sie möglicherweise ein paar alte Bekannte nicht mehr sehr häufig wiedersehen. Ihr Bewusstsein wird sich aber schlagartig auf ein völlig neues Level begeben, und damit werden sich auch in Ihren Bekanntschaften recht bald neue Freunde anderen Geistes finden.

Gesellschaftliche Ächtung

„Kein Mensch ist eine Insel". Dieser Planet ist so eingerichtet, dass eine Lebensform die andere braucht. Wir stehen in beständiger Wechselwirkung mit der Natur, mit dem Kosmos, mit der Erde und mit anderen Menschen. Daher rührt ein Grundbedürfnis, sich in Gemeinschaft mit anderen aufzuhalten, ohne die strenggenommen kein Überleben möglich ist. Dieses Grundbedürfnis kann natürlich durch gewisse traumatische Erlebnisse gestört oder auch verleugnet werden, dennoch ist es in aller Regel vorhanden und bildet die Basis für ein gut funktionierendes Miteinander.

Die altüberlieferte Strafe der *Verbannung* gehört daher immer noch zu den schlimmsten Dingen, die sich der Mensch vorstellen kann. Der Ausstoß aus einer schützenden, einander sorgenden Gemeinschaft hatte in früheren Zeiten – abgesehen von äußerster Einsamkeit – oft lebensbedrohende Konsequenzen für den Verurteilten. Geächtete wurden auch häufig für ihr Leben gekennzeichnet, sodass niemand mehr wagte, einem solchen Ausgestoßenen Hilfe und Unterstützung anzubieten, um nicht selbst dieselbe Strafe zu erleiden. Darüber hinaus waren sie Hohn, Spott und Mißhandlung schutzlos ausgeliefert, da ein Verbannter keine Rechte mehr besaß.

Einer Verbannung entspricht es heutzutage, wenn jemand gesellschaftlich geächtet wird. Dies geschieht mit zunehmender Häufigkeit und Bedenkenlosigkeit. Ein wesentlicher Gradmesser für eine solche Ächtung sind die immer rigideren Maßstäbe der *political correctness.* Darüber hinaus tun Klatsch und Tratsch ihre Wirkung (s. o.). Schon ein Satz wie: „XY ist in einer Sekte" bewirkt einen jähen Rückzug der gesellschaftlichen Umgebung von XY, und zwar völlig unabhängig davon, ob XY tatsächlich in einer Sekte ist oder nicht. Man vertraut ihm einfach nicht mehr. Oder wenn ein Wissenschaftler ein offiziell vorgegebenes Dogma anzweifelt, an das alle seit langer Zeit glauben (z. B. „Die Erde ist eine Scheibe" oder „HIV verursacht AIDS"), so wird er nicht nur ausgelacht, sondern für verrückt erklärt.

Tatkräftige Unterstützung dieser allgemeingesellschaftlichen Verhaltensweise bieten Tag für Tag – wiederum! – die Massenmedien, die uns klarmachen, was wir zu denken haben und was nicht. Vor diesem Hintergrund bewegen wir uns gewohnheitsmäßig in einer normierten Welt, in der gilt: Denke, was alle denken, und du bist in Ordnung. Schere aus, und wir werden dafür sorgen, dass du ausgestoßen, verachtet, existentiell bedroht und gebrandmarkt bist. Hier wird einer der größten Irrtümer der Menschheit zementiert: der Glaube an die Mehrheitsmeinung. Dieser Glaube wird nur durch eines lebendig gehalten: durch die Angst vor Ächtung. Wir lassen uns das eigene Denken und Handeln von der Mehrheitsmeinung diktieren.

Abgesehen von den Urängsten ums Überleben werden wir in diesem System mit dem tief verwurzelten Angstschema des

Liebesentzugs konfrontiert. Es gehört sehr viel Mut und Standhaftigkeit dazu, sich dieser Gefahr auszusetzen. Wir leben ständig in der Angst davor, wir selbst zu sein; wir wagen es nicht, unseren Wahrnehmungen und Intuitionen zu vertrauen und ziehen die Normierung durch die Allgemeinheit vor, um dazuzugehören. Dieser Zustand dauert so lange, bis wir bereit sind, unsere Ängste zu bezwingen und zu transformieren, die Massenenergie zu verlassen und in unsere eigene schöpferische Kraft zu vertrauen. – In dem wunderbaren Buch „Die Möwe Jonathan" von Richard Bach sind diese Verhältnisse auf unvergleichliche Weise dargestellt.

Angst vor Veränderung

Als wir jung und neugierig waren, konnte uns nichts „neu" genug, „anders" genug und „revolutionär" genug sein. Einige Jahre später glaubten wir jedoch, wir hätten begriffen, wie das Leben funktioniert und „richteten uns ein". Wir haben unsere Normen, unsere Lebensweise, unsere Überzeugungen, unsere Kirche, unsere Freunde (die ganz genauso oder sehr ähnlich denken wie wir) – und im Allgemeinen lebt es sich doch ganz gut damit, nicht wahr? Es funktioniert doch seit 40 Jahren alles ganz prima. Wieso sollten wir uns da eine Veränderung wünschen?

Im Bild rechts sehen wir die Lebenshaltung, die früher oder später aus einer solchen Einstellung heraus entsteht. Das Leben bietet uns eine unendliche Fülle von Möglichkeiten, Schönheiten, Neuheiten und Erfahrungen an. Im Bild sind diese vielfältigen Möglichkeiten durch die unterschiedlichen Formen dargestellt, die uns das Leben in Fülle anbietet. Durch unser Welt-Bild jedoch ist unsere Wahrnehmung normiert und läßt nur ganz bestimmte Eindrücke als „Realität" in unsere Bewusstseinsebene vordringen – in diesem Fall sind es nur Dreiecke. Wir sehen an diesem Beispiel auch, wie gefährlich Erwartungshaltungen sind. Wer normiert und ängstlich denkt, kann weder kreativ sein noch das Beste aus einer Situation machen, wenn sie nicht seinem gewohnten Schema entspricht. Wer Erwartungen hat, kann die Antwort auf ein Gebet nicht wahrnehmen, weil er sie selbst schon (beschränkt durch das eigene Bewusstsein) gegeben hat und so die höhere Intelligenz nicht anerkennen, geschweige denn wahrnehmen kann.

Es ist leicht zu erkennen, was geschieht, wenn zwei Menschen mit unterschiedlichen Erwartungsängsten und „unum-

stößlichen Überzeugungen" aufeinander treffen:

Nach kürzester Zeit werden sie darüber in Streit geraten, wie „die wahre Realität des Lebens" aussieht, und jeder führt als „Beweis" die Löcher in seinem eigenen Schutzschild an. In dieser Situation ist es kaum mehr möglich, darauf hinzuweisen, dass die Wurzel des Krieges, der nun daraus entsteht, allein in der Angst davor liegt, die gewohnten Bahnen des Denkens, Begreifens und Handelns zu verlassen. Die Angst, „nicht recht zu haben“, verstärkt noch die Verbissenheit des Kampfes, und so befinden sich die Streithähne in einem Teufelskreis, der in der Regel mit der Unterwerfung eines Kontrahenten durch den anderen endet. Der Besiegte muss dann zwangsläufig das Weltbild des Siegers übernehmen, und so ersetzt eine falsche Perspektive die andere, ohne dass irgendjemand eine wirkliche geistige Entwicklung genommen haben könnte.

Wiederum erkennen wir den Zusammenhang zwischen Angst und Verkrampfung: wer ängstlich ist, krampft sich an dem fest, was er schon kennt. Ein weiteres ganz großartiges Gleichnis für diese Lebenshaltung finden wir in einem anderen Buch von Richard Bach: den „Illusionen“. Was in der einleitenden Geschichte über die Wesen am Grunde des Flusses erzählt wird, ist die Beschreibung einer mustergültigen Angstgesellschaft.

Wir leben in unserem Bewusstsein wie in einer selbst gezimmerten Wohnung. Was in dieser Wohnung an Möbeln, Bildern, Büchern, Musik, Fenstern usw. zu finden ist, haben wir selbst aufgebaut bzw. hineingetragen. Wir haben die Wohnung tapeziert, gestrichen, eingerichtet und oft genug die Rolläden heruntergelassen, um nicht sehen zu müssen, dass die Welt auch ganz anders aussehen kann als wir sie uns an die Wände gemalt haben. Durch unsere Wahlfreiheit haben wir uns eine *eigene* Welt geschaffen und zum größten Teil vergessen, dass es außerhalb unserer vier Wände auch noch *die* Welt gibt.

Für unsere gewohnten Bahnen des Denkens, Fühlens und Handelns mag es unangenehm sein, wenn plötzlich die Fenster unserer Wohnung geöffnet werden und der Mief von Jahrzehnten von frischer Luft durchweht wird. Das riecht erst mal komisch! Wenn wir uns aber auf dieses Wagnis, frische Luft zu atmen, einlassen, werden wir schnell entdecken, wie gut sie uns tut. Es mag noch eine Weile mühsam und unangenehm sein, die alten, stinkenden, vermoderten Möbel vor die Tür zu tragen, aber mit jedem Tag der Arbeit wird das Leben leichter, umfassender und heller.

Die geliebte Opferrolle

Bevor wir uns den Erkenntnissen zuwenden, auf welche Weise wir die Ängste des täglichen Lebens loswerden können, müssen wir uns noch mit zwei zentralen Gewohnheiten unseres Alltags befassen.

Die eine, gesellschaftlich höchst geachtet und anerkannt, ist das Leben in der Opferrolle. – Was *mir* wieder passiert ist! Ich bin *so* ein Pechvogel. Warum *straft* mich das Leben so hart. Ich *ziehe* das Unglück an. Ich bin da völlig *machtlos.* Wir gehen gerade durch einen ganz *fürchterlichen* Saturntransit. Ich *hab* aber auch ein schreckliches Karma („Der böse Karma“ ist der Unhold, der verschlagen durch die Esoterikszene schleicht und hämisch die nettesten Leute in die Pfanne haut. Ein weiteres Damoklesschwert, vor dem man in beträchtlicher Furcht leben kann.[19])!

Wer sich immer als Opfer sieht, hat keine Macht, keine Kontrolle und keinen Einfluss auf sein Leben. Es ist völlig unmöglich, unter solchen Umständen angstfrei zu sein, denn wer im Gefühl herumläuft, ständig von überlegenen Mächten gesteuert zu werden und ihnen ausgeliefert zu sein, gibt alle Schöpferkraft, die er in Händen hält, an äußere Gegebenheiten ab – egal, ob diese Gegebenheiten „das Leben“, „Saturn“,

---

[19] „Karma“ bedeutet „Handeln“. Das Wort bezeichnet nichts anderes als das Gesetz von Saat und Ernte aufgrund von *eigenem* Tun. Säe Weizen in deinen Acker und ernte Weizen von deinem Acker. Säe Disteln und ernte Disteln. Niemals wird das Leben Disteln aus Weizen wachsen lassen. Ein „schwieriges Karma“ ist also nichts, was uns ein Bösewicht um den Hals hängt, um uns das Leben schwer zu machen. Wir ernten, was wir säen, nicht mehr und nicht weniger. Das Gesetz des Karma ist *absolut neutral!*

„Chef“ oder „Ehefrau“ genannt werden. Tatsache ist, dass wir in solchen Momenten sowohl die eigene Verantwortung für unser Leben als auch jegliche Fähigkeit zur Einflussnahme verneinen. Es ist scheinbar bequem, Opfer zu sein, weil man in dieser Rolle keine Verantwortung hat. Dennoch liegen allem, was geschieht, die unveränderlichen Gesetze des Lebens zu Grunde. Eines der wesentlichsten Grundgesetze des Lebens lautet: „Was du säst, wirst du ernten“.

Und dies führt uns zum letzten Punkt unserer Kurzbetrachtung des Phänomens Angst:

Die Angst vor dem eigenen Schatz im Keller

Der größte und gleichzeitig wichtigste Schritt bei der Transformation Ihrer Ängste ist die Anerkennung dessen, dass Sie in jedem Augenblick eine durch und durch schöpferische, machtvolle Gegenwart im Universum sind. Ihrer Schöpferkraft sind nur durch Ihre eigene Phantasie, durch Ihre Zweifel und durch Ihre *Angst* Grenzen gesetzt. Wenn wir im Bewusstsein leben, durch und durch schöpferisch zu sein, macht uns das auch im höchsten Maße verantwortlich für alle Energie, die durch unseren Geist und unsere Hände geht, für alles, was daraus entsteht, und für alle Konsequenzen, soweit sie unsere eigene Ursachensetzung betreffen. Nachdem wir über unüberschaubare Zeiträume versucht haben, diese Verantwortung abzuleugnen, ist es verständlich, wenn wir nun etwas ängstlich sind, sie wieder zu beanspruchen. Dennoch ist dies einer der wenigen Punkte unseres Daseins, an dem wir tatsächlich keine Wahl haben: Unser *Wesen* ist schöpferisch, und wir kommen nicht darum herum, dies eines Tages wieder anzuerkennen.

Um sich dieses Bewusstsein zu erarbeiten, ist mehr notwendig als zwei oder drei Bücher zu lesen und auf ein paar Wochenendkurse zu gehen. Hierzu gehört konsequente, liebevolle Hingabe, bewusste und positive Selbstkontrolle, Akzeptanz Ihrer selbst mitsamt Ihren echten oder vermeintlichen Fehlern, Glaube, Liebe, Hoffnung und Übung. Genauso wenig wie wir an einem Tag das Laufen gelernt haben oder Klavierspielen (ich meine: richtig gut Klavierspielen), lernen wir in einer Woche die virtuose Handhabe unserer schöpferischen Kraft.

Wohlgemerkt: Wir müssen nicht daran arbeiten, um diese schöpferische Kraft zu *bekommen;* wir besitzen sie bereits, seitdem wir zum ersten Mal die Augen aufgeschlagen und in den Kosmos geblinzelt haben. Nur: Wie sind wir damit umgegangen?

Vielleicht kann man unser bisheriges Leben vergleichen mit einem Gärtner, der mit einer Gießkanne und einem Sack voller unterschiedlicher Samenkörner planlos durch den Garten tölpelt. Dabei wirft er mal diesen, mal jenen Samen hierhin und dorthin, wässert gedankenlos erst die Disteln, dann die Radieschen, wundert sich gelegentlich, was da überall in seinem Garten sprießt („so ein Zufall!"), verliebt sich in den Stechginster und nennt ihn Weizen, damit es sich für die Gärtnereigesellschaft besser anhört.

Ein geschulter und gereifter Gärtner würde sich anders verhalten. Doch dazu gehört eben zweierlei: die Schulung (Übung) und das Reifen des Individuums durch seine Versuche und Irrtümer.

Lassen Sie sich nicht entmutigen, wenn Sie für die Transformation Ihrer Ängste eine längere Zeit des Übens vor sich haben. Lassen Sie sich nicht von Ihrem Ziel abbringen, wenn Ihr erster (oder auch zweiter, fünfter, zwanzigster) Versuch noch nicht die ersehnten Ergebnisse hervorbringt. Haben Sie keine *Angst vor dem Versagen,* denn jeder Fehler zeigt uns nur, was wir verbessern können. Fehler sind genauso wenig eine Schande wie Angst. Vor allem aber dürfen Sie eines nicht haben: Erwartungen! Gehen Sie nochmals zurück in den Abschnitt über „Angst vor Veränderungen" und rufen Sie sich ins Gedächtnis, dass Sie niemals die wahre Auswirkung einer

Sache erkennen können, wenn Sie eine vorgefaßte Meinung haben, wie das Ergebnis aussehen „müßte“.

Sie können aus Ihren Ängsten aussteigen. Sie werden aus Ihren Ängsten aussteigen. Sie werden sich dadurch vom Hauptmanipulationswerkzeug der Menschheit befreien. Doch machen Sie sich im Vorfeld noch kein genaues Bild von dem, wie Ihr Leben dann aussehen wird. Eines ist jedoch sicher: Ihr Leben wird dann erst richtig beginnen!

Wichtige Punkte:

- Ihre Ängste werden quasi unaufhörlich und für Sie meist unbewusst durch äußere Quellen verstärkt
- Der Glaube an die eigene „Machtlosigkeit“ spielt Sie in die Hände derjenigen, die Sie durch Angst kontrollieren wollen

Hilfreiche Erkenntnisse:

- Die Erkenntnis und Akzeptanz der Tatsache, dass Sie ein durch und durch schöpferisches Wesen sind
- Das heißt, dass Sie auf jede Gegebenheit Einfluss nehmen können
- Ihr Leben ist demnach selbst bestimmt
- Sie setzen Ursachen und erleben die Auswirkungen
- Damit sind Sie niemals nur Opfer
- Sie sind also nichts und niemandem einfach ausgeliefert

Der Schlüssel zur Freiheit

Die wichtigste, bahnbrechendste und am meisten befreiende Erkenntnis, die wir haben können, wenn es um Angstzustände geht, ist so einfach, dass man zunächst kaum glauben kann, welche Auswirkungen und Konsequenzen diese Erkenntnis mit sich bringen kann.

Ihre Ängste beziehen sich immer auf eine Vorstellung, die im Moment nicht real ist!

Falls Ihnen diese Behauptung noch nicht einleuchtet, lesen Sie sie noch ein paarmal in aller Ruhe durch und lassen Sie sie einsickern. Wir werden diesen Kernsatz ein wenig betrachten, um den Schlüssel für den Ausstieg aus der Welt der Illusion wirklich verwendbar zu machen.

Ich behaupte nicht, dass Ihr Angstgefühl irreal wäre. Das Gefühl der Angst ist sehr real für Sie und hat, wie wir weiter oben schon gesehen haben, weitreichende Auswirkungen. Doch die Situation, vor der wir Angst haben, ist eine reine Vorstellung, eine Imagination, die *im Moment Ihrer Angst* keinerlei Realität in ihrem Leben hat! Eine kleine Untersuchung wird dies beweisen.

Der Realitäts-Check: Ihre Gegenwart

Lassen Sie uns feststellen, was jetzt gerade Ihre Realität ist. Offenbar lesen sie im Moment ein Buch. Sitzen Sie, liegen Sie, stehen Sie dabei? Wie fühlt sich in diesem Moment Ihr Körper an? Was empfinden Sie in diesem Moment? Was denken Sie in diesem Moment? – *Genau das und nichts anderes ist Ihre Realität.* Sie sind nicht nachher mit Ihren Freunden zusammen, Sie sind nicht gestern beim Einkaufen, und Sie sind auch nicht mit Ihrem nächsten Umzug beschäftigt – Sie lesen jetzt gerade ein Buch. Nichts anderes ist jetzt im Moment wahr und real! Dies ist die Gegenwart, und dies ist der einzige Ort, an dem Sie jemals sein können!

Schließen Sie jetzt kurz die Augen und stellen Sie sich vor, wie Sie barfuß über einen wunderschönen Sandstrand gehen, die Sonne ist warm, die Wellen spülen sanft an den Strand und Sie sehen den Vögeln nach… Ach, wäre das schön; nur leider hat es mit der Realität im Moment absolut nichts zu tun. Selbst wenn Sie gerade an einem Strand im Liegestuhl liegen sollten und dieses Buch lesen, gehen Sie in diesem Augenblick nicht spazieren. Die Gegenwart ist die Gegenwart, nicht die Zukunft und nicht die Vergangenheit. Genau betrachtet, hat nichts anderes reale Existenz als die Gegenwart. Sie können nur hier und jetzt sein.

Sie mögen über diese scheinbar banale Feststellung lächeln. Aber: Warum haben Sie dann von Zeit zu Zeit Angst?

Nehmen wir an, Frau Müller trifft sich mit ihrer Freundin, Frau Meier. Die beiden unterhalten sich über die schwierigen Zeiten, und dass sie mit dem Geld kaum auskommen. Frau Müller hat entsetzliche Angst, ihre Arbeit zu verlieren und steigert sich in sehr unerfreuliche Bilderfolgen hinein: Entlassung – Armut – Einsamkeit – Betteln – unter der Brücke schlafen.

Frau Müller erlebt ihre Angst als sehr real und konkret; sie erzeugt sie in der Gegenwart, ebenso wie die illusionären Schreckensbilder. Doch übersieht sie in diesem Augenblick einige sehr wesentliche Tatsachen: Ihre Realität ist nämlich, dass sie gemütlich mit ihrer Freundin im Restaurant sitzt und einen riesigen Salat verspeist, den sie auch mit dem Geld aus ihrem Portemonnaie bezahlen kann.

Sehen Sie nun, wie illusionär die Gedankenbilder sind, die wir im Angstzustand erzeugen? Sie können jede beliebige Situation nehmen, in der Sie Angst hatten und genau betrachten:

Ihre Angst bezieht sich immer auf Irreales, auf etwas, das in der Gegenwart nicht existent ist.

Die Angst vor der Spritze beim Arzt kann Stunden und Tage andauern, nur bekommen Sie während der ganzen Zeit keinen Pieks. Wenn es wirklich so weit ist, dass Sie die Injektion bekommen, erleben Sie diese Spritze in Ihrer Gegenwart. Dann ist sie real, aber dann haben sie auch keine Angst mehr davor, weil Sie es im Moment erleben. – Die Angst vor der Ansteckung mit einer bestimmten Krankheit kann Sie Jahre und Jahrzehnte lang beschäftigen, aber Sie leiden in dieser Zeit nicht wirklich an dieser Krankheit. Ihre Angst kann allerdings etwas dazu beitragen, dass Sie die gefürchtete Krankheit wirklich bekommen. Das steht auf einem ganz anderen Blatt, und wir werden uns im nächsten Abschnitt damit beschäftigen. Es ist aber offensichtlich, dass Angst und Realität auch hier zwei völlig entgegengesetzte Dinge sind. Auch die Angst des Musikers, sich bei einer schwierigen Stelle zu verspielen, ist immer da, bevor er diese Stelle wirklich erreicht, auch wenn es nur eine Zehntelsekunde vorher ist. Ebenso die Angst, einem bestimmten Menschen zu begegnen. Die Angst vor Arbeitslosigkeit. Die Angst vor Gewalt. Die Angst vor Verlust.

Wir alle haben diese Dinge schon sehr real erlebt: Gewalt, Schmerzen, Verlust, Enttäuschung, Versagen. Doch sind wir daran gestorben? Offensichtlich nicht. Halten wir in der Realität nicht viel mehr aus als wir vorher geglaubt hatten? Haben wir sogar etwas daraus gelernt? – Trotzdem wünscht sich selbstverständlich kein Mensch die Wiederholung solcher Erfahrungen. Aber die Angst, dass so etwas erneut passieren könnte, kann ein Leben durch und durch lähmen. Besonders schlimm wird es natürlich, wenn sich zu einer ängstlichen Grundhaltung auch noch die destruktive Energie des Selbstmitleids gesellt. Im Extremfall lebt man nur noch in einer

Vermeidungshaltung („ich bin schon einmal enttäuscht worden“) und schneidet sich so wirkungsvoll von allen Möglichkeiten ab, ein erfülltes Leben aufzubauen. Und die „Krönung“ des Ganzen ist: Die Angst zieht genau das in Ihr Leben, was Sie zu vermeiden suchen.

„Positiv denken“

Vielleicht haben Sie sich auch schon mit einem der vielen guten Bücher befaßt, die uns die Kraft des „Positiven Denkens“ nahebringen. Es ist in der Tat praktisch nachprüfbar, wie sich eine gesunde, positive Lebenshaltung und konstruktive Gedanken auf die Lebensverhältnisse auswirken.

Ich möchte jedoch auf eine Falle im Zusammenhang mit dem „Positiven Denken“ hinweisen. Man könnte nämlich glauben, es sei notwendig, „positiv zu denken“, *damit* sich Dinge in der Realität manifestieren. Irrtum! Ich garantiere Ihnen, dass „negatives Denken“ ganz genauso wirkt. Haben Sie etwa noch nie gesagt: „Meine schlimmsten Befürchtungen haben sich bewahrheitet“?

Da gab es doch einen Herrn namens Hiob, der sagte: „Denn ich fürchtete einen Schrecken, und er traf mich, und wovor mir bangte, das kam über mich“[20]. So funktioniert das mit dem negativen Denken. Und warum ist das so? – Weil wir unserem Wesen nach schöpferisch sind. Immer und überall. Wir können keinen Augenblick lang anders als schöpferisch sein. Und wenn wir beschließen, negative Gedanken und Gefühle in die Welt zu setzen, so säen wir eben Disteln auf unseren Acker. Positive Gedanken und Gefühle sind die Weizensaat. Und darin liegt auch der Nutzen der erwähnten Bücher: Sie zeigen uns, wie man sich ausrichten sollte, wenn man Weizensaaten ausbringen will.

---

[20] Hiob 2, 25

Angst hat immer zur Folge, dass ein guter Teil unserer kreativen Kraft abgezweigt wird und in negative Vorstellungen fließt. Da unsere geistige Kraft aber genau das ist: Kreativ, bringt sie unweigerlich genau die Dinge hervor, auf die sie gerichtet wird, wenn sie lange bzw. stark genug darauf verwendet wurde. Und hier sehen wir erneut die unbequeme Verantwortung, die ein schöpferisches Wesen auf sich nehmen muss: Wir haben eben nicht nur mit dem Guten in unserem Leben ursächlich zu tun, sondern auch mit dem Unguten.

Ein Grundgesetz des Lebens besagt, das sich gleichartige Dinge gegenseitig anziehen[21]. Der Volksmund sagt dazu. „Gleich und gleich gesellt sich gern". Das bedeutet nicht mehr und nicht weniger, als dass die Energien, die wir aussenden, gleichartige Energien anziehen. Entsprechend kann unsere Angst von äußeren Einflüssen verstärkt werden, wenn wir sie pflegen, aber ebenso unsere konstruktiven Gedanken und Gefühle. Zudem neigt der Mensch dazu, sich immer Bestätigungen für das zu suchen, was er sowieso schon glaubt. Insofern fällt es nicht schwer, andere Leute zu finden, die genau soviel Angst vor denselben Dingen haben.

Ihre Welt ist ein Spiegel, der Ihnen das zeigt, was Sie glauben wollen! Glauben Sie an die Bilder Ihrer Angst und Machtlosigkeit? Sie werden diesen Glauben in Ihrem Leben unaufhörlich bestätigt finden. Glauben Sie, dass schwarze Kater Unglück bringen? Auch dies wird sich in Ihrer Wahrnehmung immer wieder zeigen, es kann gar nicht anders sein. Glauben Sie, dass Sie besonders gefährdet sind, eine bestimmte Krankheit zu bekommen? Ihre schöpferische Kraft wird diese Überzeugung von Ihnen, dem Urheber, assimilie-

[21] Die Betonung liegt auf der Gleich*artig*keit. Selbstverständlich ziehen sich zwei elektrisch gleich geladene Pole nicht an, sondern stoßen sich ab. Es geht hier nicht um Pole, sondern um Gemeinschaftlichkeit.

ren und für Sie genau das hervorbringen, was Sie befürchten. – Glauben Sie aber daran, dass Sie kraftvoll, stark und gesund sind, dass Sie sich aus eigener Kraft ein erfreuliches, erfülltes Leben schaffen können, so wird sich diese Überzeugung in Ihrer Welt manifestieren. Sie sollten einfach bedenken, dass die Art und Weise, wie Sie diese schöpferische Kraft einsetzen, die Art des Samens bestimmt, den Sie in Ihren Acker stecken, und dass Sie die Ernte später selbst einfahren müssen.

Hier liegt das Geheimnis, um aus einem von der Angst bestimmten Leben auszusteigen: Es ist zum einen das Wissen um Ihre schöpferische Kraft, die Ihnen in jedem Moment zur Verfügung steht, und zum anderen der Wille, diese schöpferische Kraft, gepaart mit Geistesgegenwart und Vernunft, auch in schwierigen Situationen in konstruktive Bahnen zu lenken.

Denken und Handeln in der Gegenwart

Wir haben gesehen, dass wir unsere Lebensenergie immer nur in einer ganz bestimmten Zeitqualität einsetzen können: in der Gegenwart, in der einzigen existierenden Realität. Die Vergangenheit ist vorbei, die Zukunft ist noch nicht da, also gibt es nur den sich unaufhörlich wandelnden Moment des Jetzt[22]. Und es ist entscheidend, wie Sie *diesen* Augenblick nutzen, um den *nächsten* vorzubereiten.

Die Gegenwart in diesem Augenblick baut auf dem auf, was Sie in der bereits „vergangenen Gegenwart" angefangen haben. Planen Sie *jetzt* durch Ihre Imagination angsterfüllte negative Ereignisse, und Sie werden die Frucht dieses Samens ernten. Planen Sie *jetzt* durch Ihre Imagination Freude, Wohlergehen und Gelingen, wird Ihre Ernte entsprechend aussehen.

---

[22] Schnippen Sie einmal mit dem Finger, um sich einen „Augenblick" zu verdeutlichen. Er geht so schnell wie er kam, nicht wahr? Wo ist das Schnippen jetzt, wo war es vorher? Wer oder was *bleibt?*

Für Ihren Umgang mit der Angst ist es entscheidend, dass Sie üben, den Schritt aus von Angst dominierten Bildern in das Bewusstsein der schöpferischen Gegenwart zu machen. In dieser Gegenwart können Sie dann den Strom Ihrer Energie in konstruktive Bahnen lenken. Sie ersetzen somit die Distelsamen durch Weizenkörner. Und wenn Sie plötzlich feststellen, dass Sie in Ihrer Welt kaum noch Disteln, dafür aber mehr und mehr Weizen ernten können, sind Sie auf dem besten Weg der Heilung.

Wichtige Punkte:

- Angst beschäftigt sich immer mit Dingen, die im Moment nicht real sind (Vergangenheit oder Zukunft)
- Die einzige Realität ist die Gegenwart
- Nur in der Gegenwart steht Ihnen Ihr gesamtes schöpferisches Potential zur Verfügung

Das Gegenteil von Angst

Fragt man jemanden nach dem Gegenteil von Angst, so wird die Antwort in aller Regel „Mut" lauten. Wenn wir uns diese Tugend, den Mut, näher betrachten, so wird allerdings klar, dass uns der Mut die Kraft gibt, *trotz* Angst eine bestimmte Sache zu tun. Mut hilft, die Angst zu überwinden, so wie uns Tee helfen kann, eine Magenverstimmung zu überwinden. Doch Mut ist nicht das Gegenteil von Angst.

Unser innerer Zustand spiegelt sich immer in unserem Körper wider, sei es offensichtlich oder versteckt. Meist geschieht dies unbewusst. Wir können jede unserer Empfindungen aber auch bewusst körperlich ausdrücken. Das Gegenteil von Angst muss sich also in unseren körperlichen Reaktionen sowie in unserem Verhalten genau gegensätzlich zeigen.

Stellen Sie sich eine Dorfschule im 19. Jahrhundert vor. Ein Junge hat das Tintenfaß des Lehrers umgestoßen, und der steht jetzt drohend mit dem Rohrstock vor der Schulklasse. Da die Schüler Angst haben, wagt natürlich keiner zu atmen. Einige zittern, einige halten sich an den Bänken fest, keiner denkt mehr klar, alles macht sich kleiner. Der Lehrer geht auf den Übeltäter zu und fragt ihn: „Hast du das Tintenfaß umgeworfen?!" Es ist klar, wie der Junge reagiert: Er sieht den Lehrer nicht an, duckt sich noch ein bißchen mehr und piepst: „Nein, ich war's nicht" (natürlich gelogen). Der Schulmeister wendet sich zum Banknachbarn, holt mit dem Rohrstock aus und sagt: „Dann warst du das also?" Der andere sagt schnell: „Nein, nein, *der* war's!" und zeigt auf seinen Banknachbarn. Und man kann sich vorstellen, dass der Tintenfasstäter am liebsten ganz schnell Reißaus nehmen möchte, wenn der Lehrer nunmehr zur Ausübung der Zuchtstrafe übergehen will.

Wir sehen hier einige deutliche Reaktionen, die der Angstzustand bei diesen Schülern auslöst: Angst krampft zusammen, Angst hält fest, Angst sieht nicht hin, Angst trennt, Angst macht Kommunikation unmöglich, Angst führt zur Lüge, Angst läuft weg. Dieses Verhaltensmuster kann man beliebig auf jede Angstsituation übertragen, derer wir unzählige im täglichen Leben haben. Wer ist in einer Behörde für irgendeinen Fehler wirklich verantwortlich? Wenn Sie sich auf die Suche nach dem Betreffenden machen, werden Sie auf genau dieselben Muster stoßen. Oder wie wird wohl ein Gespräch zwischen einem Ehemann, der seine Frau betrogen hat, und dieser Ehefrau verlaufen? Er hat Angst, sie zu verlieren, klammert, lügt, kann sie nicht ansehen... Auch hier das ganze Repertoire. So arbeitet Angst, so erkennt man sie.

Das Gegenteil von Angst muss genau die entgegengesetzten körperlichen und verhaltenstechnischen Muster aufweisen. Statt Verkrampfung würde eine Weitung, Öffnung stattfinden. Der Atem wäre tief und natürlich, nicht eingeengt und blokkiert. Nicht festhalten, sondern loslassen wäre die Devise. Beim Gegenteil von Angst rennt man nicht weg, man geht auf etwas zu. Man sieht nicht weg, sondern ganz genau hin (und das auch noch gern). Ehrlichkeit und Wahrheit statt Lüge sind angesagt, und das Gegenteil von Angst trennt nicht, sondern verbindet.

Das Gegenteil von Angst ist *Liebe.*

Zur Verdeutlichung stellen wir uns vor, wie sich ein verliebtes Paar nach längerer Trennung, etwa aufgrund einer Geschäftsreise, wieder zum ersten Mal sieht. Betrachten wir die Körpersprache: Die beiden winken sich schon auf dem Bahnsteig von weitem zu, der Körper öffnet sich, der Atem wird tief und ergiebig. Sie sehen sich unentwegt an. Sie laufen aufeinander zu und nehmen sich in den Arm. Sie tauschen sich aus, kommunizieren in Ehrlichkeit. Die beiden haben sich vor der Reise losgelassen und werden sich auch wieder gegenseitig die Freiheit geben, die der andere braucht, um sich zu verwirklichen. Wir sehen hier eindeutig und unverwechselbar, was das Gegenteil von Angst ist: Liebe.

Angst krampft zusammen

verhindert Wachstum, Ihrer selbst und das anderer.
Macht starr und unflexibel.

Liebe gibt Raum

läßt Sie selbst und andere wachsen. Gibt Erlaubnis.
Gibt Raum zur Ausdehnung des Besten. Ist flexibel.

Angst hält fest

...den eigenen Standpunkt,
die „Überzeugung“, das Welt-Bild
„Ich kann ohne dich nicht leben...!“

Liebe läßt los

was gestern in einer bestimmten Situation nützlich war,
kann heute in einer ähnlichen Situation völlig fehl am
Platze sein. Das Alte macht dem Neuen Platz.
Liebe hat keine Verlustangst

Angst läuft vor etwas weg

kein Austausch möglich

Liebe geht auf etwas zu

schafft Voraussetzung für Kommunikation, Möglichkeit
zum Kontakt

Keine Kommunikation möglich

Kommunikation möglich

Angst sieht nicht hin

verhindert echte WAHR-nehmung
sieht nur, was sie sehen WILL

Liebe sieht hin

macht echte WAHR-nehmung erst möglich.
Nimmt auf, nimmt an. Fühlt mit dem anderen (Mit-Gefühl).
Sieht die Dinge, wie sie wirklich sind.

Angst trennt

urteilt, kritisiert im negativen Sinne. „Ich bin besser
(oder schlechter) als der andere“. „Ich habe Recht“.
„Ich bin *gegen* etwas“.
Führt zu Auseinandersetzung und Krieg.

Liebe verbindet

...aufgrund von Mitgefühl. Erkenntnis, dass keiner
besser oder schlechter ist als der andere.
Wertet nicht. Toleriert. „Ich bin *für* etwas“.
Läßt Einheit umfassend spüren. Schafft Kommunikation
und Gemeinschaft.

Angst führt zur Lüge

„Die anderen sind schuld, weil sie größere
Fehler (gemacht) haben.“
Ablehnung von Selbstverantwortung:
„ICH kann nichts dafür!“

Liebe übernimmt Verantwortung

befähigt uns, zu allem, was wir verursacht haben,
zu stehen, ohne Angst, dass wir deswegen schlecht sind.
Liebe befähigt uns, *als erste* einen Schritt auf andere
zuzugehen, auch in widrigen Umständen und ohne
auf den ersten Schritt des anderen zu warten.
Diese Übernahme von Verantwortung ist identisch mit
einem gesundem Selbstwertgefühl = SELBSTLIEBE.

„Hach, aber ich kann doch nicht plötzlich alle lieben" höre ich Sie stöhnen. Nein, können Sie nicht. Ich kann das auch nicht. Zumindest im Moment noch nicht. Das sollten Sie auch nicht sofort versuchen. Und es geht auch nicht darum, dass Sie nun ab morgen alle Ihre Kollegen zweimal täglich umarmen müssen. Das wäre ein grobes Mißverständnis von Liebe.

Im Allgemeinen wird Liebe so dargestellt, als ob sie eine alles verzehrende, ausschließende Kraft wäre, die einen Menschen kompromißlos an einen (und nur einen einzigen) anderen Menschen bindet. Natürlich muss man dann auch sofort miteinander schlafen. Sämtliche Hollywoodschinken und Vorabendserien sind nach diesem Muster gestrickt. Doch ist eine solch ausschließliche Leidenschaft, die zwei gegen den Rest der Welt zusammenbindet, eigentlich eine destruktive Kraft, weil sie sich zwar vielleicht *auf* einen anderen richtet, aber *gegen* eine ganze Menge anderer Dinge. Wenn Gott die Menschheit auf diese Weise lieben würde, dann hätte er eine Handvoll auserwählter Lieblinge, und der Rest des Planeten wäre ihm egal; ja, diese Lieblinge dürften mit dem Rest der Schöpfung machen, was sie gerade wollten. Das ist aber unmöglich, weil sich göttliche Liebe auf das Leben als Ganzes erstreckt und keine Ausschließlichkeit kennt. Liebe schließt nicht aus, sondern sie bezieht ein.

Wahre Liebe hat also immer das Ganze im Auge und nicht nur eine einzelne Person. Das heißt nicht, dass es keine spezielle Liebe zwischen zwei Menschen geben sollte oder dürfte. Im Gegenteil; diese Art der Liebe kann sehr hochstehend, rein und aller Ehren wert sein. Im Gegensatz zur ausschließenden, eifersüchtigen und verzehrenden (!) Leidenschaft gibt sie aber allen Beteiligten die Möglichkeit und die Freiheit, diese Liebe auf das ganze Leben auszudehnen.

Eine hervorstechende Eigenschaft von Liebe ist: Sie gibt Menschen das, was sie *brauchen* und nicht unbedingt das, was sie *wollen*! Auch aus diesem Grund ist wahre, umfassende Liebe bei so vielen Leuten unbeliebt, um nicht zu sagen: geradezu unbekannt. Was wir wollen, hat oft nichts mit dem zu tun, was wir wirklich brauchen. Ein Kind will vielleicht eine Tafel Schokolade essen, braucht aber stattdessen einen Apfel. Der Erwachsene, der ihm aus Liebe, Mitgefühl und Erkenntnis der wahren Bedürfnisse heraus die Tafel Schokolade vorenthält, wird in diesem Moment nicht gerade beliebt bei diesem Kind sein. Dennoch tut er aufgrund seiner höheren und wohlwollenden Perspektive genau das Richtige. Nicht anders verhält es sich bei Erwachsenen, die die „Medizin", die ihr Leben zum Guten verändern könnte, einfach nicht schlucken wollen, auch wenn sie ihnen noch so liebevoll angeboten wird. Liebe macht es Ihnen möglich, die echten Bedürfnisse des Anderen zu spüren und durch die äußerlichen Begehrlichkeiten hindurch zu sehen. So kann es merkwürdigerweise geschehen, dass Menschen, die wahre Liebe ausdrücken, sehr unbeliebt sind.

Sehr häufig glaubt man in Beziehungen, die „Liebe" eines Partners wäre daran zu erkennen, wie viele „Gefallen" er dem anderen tut oder wie „eifersüchtig" ein Partner auf den anderen ist. Dahinter steht unser menschliches Misskonzept, das Forderungen und Bedingungen mit dem Liebesbegriff verknüpft. „Wenn du mich lieben würdest, würdest du das tun, was ich will". Das heißt: Man stellt in Frage, dass man den anderen noch akzeptieren kann, wenn er eben dies oder jenes nicht tut.

Wahre Liebe stellt diese Bedingungen nicht. Sie verleiht Ihnen die Kraft, in jedem Moment ans Ganze zu denken, Konsequenzen abzuwägen und aufbauend tätig zu sein. Zu lieben bedeutet nicht, anderen alles das zu geben, was sie *wol-*

len, sondern: ihnen das zu geben, was sie *brauchen.* Liebe gibt Ihnen aber auch das Recht, Sie selbst zu schützen oder sich vor bestimmten Gegebenheiten zurückzuziehen – aus Liebe zu Ihnen selbst. Und vor allem verpflichtet Sie Liebe nicht dazu, plötzlich alles gut zu finden oder zu allem Ja zu sagen! Die Liebe zum *Ganzen,* die Liebe zur *Wahrheit* kann Sie zur Kämpferin oder zum Kämpfer werden lassen – in jedem Falle aber zum Kämpfer oder zur Kämpferin *für* eine gute Sache und nicht *gegen* etwas.

„Fürchte Gott"

Besonders krass tritt der Gegensatz von Angst und Liebe im alttestamentarisch geprägten Gottesbild zutage. Stellen Sie sich einmal einen zornigen, eifersüchtigen, Blitze schleudernden, übermächtigen Rachegott vor, wie er im Alten Testament beschrieben wird. Derselbe hat, der Überlieferung zufolge, den Israeliten ein Volk nach dem anderen, eine Stadt nach der anderen zur Zerstörung und zum Abschlachten freigegeben. So einen „Gott" kann man wirklich nur fürchten. Und jetzt bedenken Sie, dass man uns erzählt hat, man solle dieses destruktive Monster lieben. Spätestens hier wird klar, dass man etwas nicht gleichzeitig fürchten *und* lieben kann! Furcht schließt Liebe aus und umgekehrt.

Die westliche Glaubenstradition ist in diesem Dilemma groß geworden: Furcht vor der Rache eines zornigen, vernichtenden Gottes, der gleichzeitig Liebe verlangt. Dieses Dilemma ist logisch nicht aufzulösen. Es klärt sich aber für alle, die aus der Angst, der bestimmenden Energie so vieler Bereiche unseres Daseins, hinaustreten in die freie Welt der liebevollen Kreativität.

Die Ebenen des Da-Seins

Bevor wir uns dem praktischen Teil zuwenden, möchte ich verdeutlichen, wie der Fluss unserer Kreativität auf praktische Ebenen stattfindet bzw. wie dieser Fluss durch Angst blokkiert wird. Ich lehne mich hierfür an ein System an, das bereits durch die Theosophie[23] sehr anschaulich und praxisbezogen entwickelt wurde.

Der Mensch wirkt als schöpferisches Wesen in der physischen Welt. Unser Geist ist das Zentrum, der Ausgangspunkt des Lebens[24]. Die Werkzeuge, die uns zur Verfügung stehen, um auf dieser physischen Ebene zu wirken, sind die Inspiration („ätherischer" Bereich), das Denken („mentaler" Bereich"), das Fühlen („emotionaler" Bereich) und der physische Körper.

Wenn Sie eine gute Idee haben (Inspiration), so brauchen Sie logisches, praktisches Denken, um die Idee planerisch umzusetzen. Des weiteren brauchen Sie Gefühl, in dem Ihr Wunsch, Ihre Freude und Ihre Hoffnung verankert sind, etwas zu schaffen; ein Gefühl, das Ihnen vermittelt, ob Sie auf dem richtigen Weg sind; ein Gefühl, das Liebe zum Leben und zu Ihnen selbst beinhaltet, ohne die Sie nichts Wertvolles schaffen können. Und schließlich brauchen Sie physische Mittel,

---

[23] griechisch *theos* = Gott, *sophia* = Weisheit. In neuerer Zeit wurde durch Helena Petrovna Blavatsky (1831—1891) eine systematische Form der Theosophie entwickelt. Nach Gottfried v. Purucker ist die Theosophie keine bloße Vermischung von Philosophie, Religion und Wissenschaft, sondern eine „systematische Formulierung jener Tatsachen, die der sichtbaren und unsichtbaren Natur zugrunde liegen" (Vgl. von Purucker, Gottfried: Wörterbuch der Esoterischen Philosophie. Hannover [4]1991, S. 242).

[24] Die Bezeichnungen für diesen kreativen geistigen Kern sind mannigfaltig. Ich habe sie für diese Darstellung bewusst neutral gehalten, da es für das wirkende Prinzip nicht entscheidend ist, ob Sie diesen Geist mit religiösen Benennungen charakterisieren wollen oder nicht.

an erster Stelle Ihren Körper, der alles in die Manifestation bringt.

Diese vier Elemente müssen in größtmöglicher Ausgewogenheit zusammenwirken können, um eine gute Sache hervorzubringen. Es ist leicht zu erkennen, dass „gute Gefühle" allein nicht reichen, um einen geordneten, sinnvollen Ablauf für ein Vorhaben zu planen. Ebensowenig sind reine Systematik und Logik ausreichend, wenn man nicht seelenlose, kalte Ergebnisse zeitigen will. Und schließlich sollten wir erkennen, dass alle guten Wünsche, Gefühle und Gedanken nicht ausreichen, um diese Welt zu einem besseren Platz zu machen, wenn wir sie nicht physisch, durch die Arbeit unserer eigenen Hände, umsetzen.

Unsere vier Daseinsebenen sind verbunden und wirken im Idealfall harmonisch zusammen. Ihre kreative Energie fließt von Ihrem kreativen Zentrum „abwärts" zur Ebene der Inspiration. Wenn Ihre mentale Ebene ausgeglichen und empfangsbereit ist, kann sie inspirierte Ideen aus der nächsthöheren Schicht empfangen und in eine faßbare, logische Form bringen. Die Gefühle geben Ihnen die Begeisterung, den Wunsch, den zündenden Impuls, diese betreffende Angelegenheit zu der Ihren zu machen. Schließlich brauchen Sie den physischen Körper, um die Manifestation dessen hervorzubringen, was Sie 1.) als Idee empfangen haben, 2.) planerisch entwickelt, 3.) mit Ihrer Liebe und Ihrem Enthusiasmus erfüllt haben.

Wir können dies wie folgt veranschaulichen:

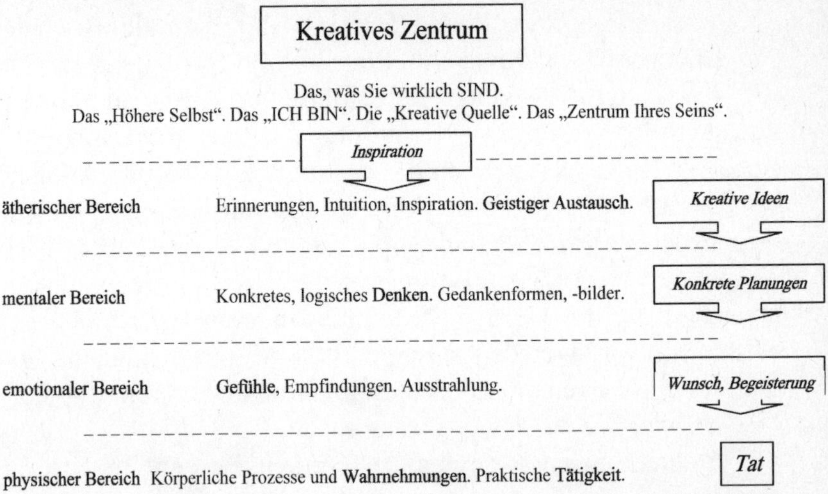

Eine Störung auf einer einzigen dieser Ebenen beeinflusst den gesamten Ablauf und verhindert die physische Manifestation konstruktiver, positiver Dinge. Angst entsteht im emotionalen Bereich, wirkt sich auf die anderen Schichten aus und blokkiert so, wie wir gesehen haben, wirkungsvoll den ganzen Menschen auf allen Ebenen

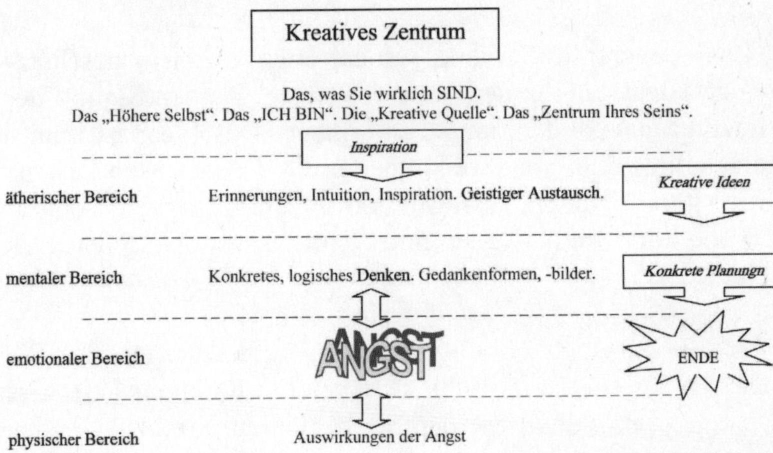

Anhand dieses Schaubildes können wir nachvollziehen, welche Ebene sich für einen erfolgreichen Ansatz für die Arbeit an unseren Ängsten anbietet: Es ist der mentale Bereich. Selbstbeobachtung, Kontrolle, Planung und Systematik stellen die wichtigsten Tätigkeiten für erfolgreiche Arbeit an unseren Ängsten dar. Alle diese Betätigungen finden auf mentaler Ebene statt. Ausgehend von der gedanklichen Planung können wir uns gezielt und kontrolliert in unseren Lebensbereichen orientieren und mit mentalen, physischen und intuitiven Methoden den emotionalen Bereich wieder ins Lot bringen. Denn genauso wie die Gefühlsebene alle anderen Ebenen beeinflusst, können wir den umgekehrten Vorgang nutzen, um emotionale Wirren aufzulösen und zu transformieren.

Um nicht missverstanden zu werden: Es geht in unserer ganzen Arbeit der Angstbewältigung niemals um Verleugnung, Unterdrückung oder Verdrängung von Gefühlen. Entscheidend ist lediglich die Wahl unseres Aussichtspunktes. Sie werden den Anblick des sturmgepeitschtes Meeres niemals genießen können, so lange sie in einem Rettungsboot darauf treiben. Ihre ganze Sorge wird sein, zu überleben. Und genau das ist Ihre Situation, wenn sie Ihr Bewusstsein auf Ihre eigene Angst ausrichten.

Aus sicherer Entfernung jedoch, etwa in einem geschützten, stabilen Haus in der Nähe der Küste, werden Sie mit der Situation ganz anders umgehen können. Das Meer ist immer noch aufgewühlt, aber Sie können mit einer gewissen Distanz Ihr weiteres Handeln abwägen und selbst bestimmen. So können Sie alle Möglichkeiten nutzen, die Ihnen Ihre Kreativität anbietet.

Ihr Bewusstsein ist wie ein starker Scheinwerfer, den Sie und nur Sie alleine ausrichten. In seinem Lichtkegel ist alles das zu sehen, worauf Sie den Strahl richten. Strahlen Sie den

Schmutz dieser Welt an, so wird genau dieser Schmutz in Ihrem Bewusstsein existieren. Konzentrieren Sie sich hingebungsvoll auf Ihre Probleme, werden Sie keine Lösungen sehen können. – Ziehen Sie Ihren Blick jedoch von den Schwierigkeiten ab und richten ihn auf Ihre Kreativität, so werden die Probleme zwar nicht von selbst verschwunden sein, doch ist dies der einzige Weg, wie Sie Strategien entwickeln werden, ebendiese Probleme zu beseitigen und durch erfreuliche Dinge zu ersetzen. Das Meer wird zunächst immer noch aufgewühlt sein, aber Sie sitzen im Trockenen und können sich in Ruhe damit beschäftigen, wie Sie am besten Öl auf die Wogen gießen.

Praktischer Teil

Übung macht den Meister

Für den Erfolg der praktischen Arbeit, die hier vorgestellt werden soll, ist es wichtig, dass Sie konsequent und mit Hingabe üben. Sie werden Schritt für Schritt lernen, wie Sie mit Ängsten im Alltag umgehen können und wie Sie sich selbst aus einem ängstlichen Zustand in ein selbstbewusstes, kreatives Handeln hineinbegeben. Dies geht nicht von heute auf morgen.

Wie schon weiter oben ausgeführt, ist es wichtig, keine starren Erwartungen zu haben. Sie werden die Erfolge, die Sie sich erarbeiten, nicht wahrnehmen können, wenn Sie auf eine ganz bestimmte Änderung in Ihrem Leben warten. Niemand kann Ihnen vorhersagen, wie und in welchem Lebensbereich sich Ihr Training genau auswirkt. Bei jedem Menschen ist dies anders, und daher sollten Sie keinesfalls die Erlebnisse und Erfolge anderer mit Ihren eigenen vergleichen. Vielleicht werden Sie aber verblüfft sein, mit welch einfachen Methoden Sie Ihre Lebensqualität verbessern können, wenn Sie die ersten Übungsschritte getan haben.

Was Sie für Ihren Erfolg brauchen, ist Selbstdisziplin. Vor allem zu Beginn dieses Trainings wird es nicht immer einfach sein, das Bewusstsein immer wieder auf ungewohnte Aufgaben auszurichten. Verzagen sie nicht, wenn Sie zwischendurch merken sollten, dass Ihre Aufmerksamkeit gelegentlich abschweift. Erinnern Sie sich daran, in welche Abwärtsspirale Sie das Gefühl von Selbstmitleid ziehen kann. Sagen sie diesem grauen Dinosaurier Adieu und werfen Sie ihn jetzt, in diesem Moment aus dem Auto (nicht in den Kofferraum!). Verzichten sie auch bei Fehlschlägen auf jede Selbstverurteilung und gehen Sie fröhlich wieder an die Arbeit.

Ein großer Vorteil der Übungen ist, dass sie nicht innerhalb einer bestimmten Zeitspanne absolviert werden müssen. Sie wählen Ihr Lerntempo selbst. Ich empfehle aber, sich mindestens einen bis zwei volle Tage auf jeden einzelnen Schritt zu konzentrieren, um den jeweiligen Ablauf zu verinnerlichen. Sie brauchen sich dafür auch nicht von der Welt zurückziehen. Im Gegenteil: Ich empfehle Ihnen, Ihrem ganz normalen Tagesablauf nachzugehen. Die Vielfalt der Ereignisse mag der Konzentration manchmal etwas hinderlich sein, aber es ist ja Ihr Ziel, im Alltag mit Angst umzugehen. Also müssen Sie, wie bei der ersten Fahrstunde, hinaus in den realen Verkehr.

Wenn möglich, bleiben Sie konsequent beim Üben. Falls Sie zu lange zwischen den einzelnen Schritten pausieren würden, könnten sich keine neuen Gewohnheiten für Ihr Denken und Handeln einstellen. Sie wollen ja alte, überholte Gewohnheiten des ängstlichen Denkens, Fühlens und Handelns durch neue Strukturen der Kreativität und positiven Schöpfung ersetzen. Wenn Sie sich einmal für einige Wochen bewusst mit diesen Veränderungen befaßt haben, brauchen Sie sich nicht mehr ständig bewusst aus alten Gleisen herauszubewegen. Vielmehr wird Ihnen die neue Denkweise zur Gewohnheit geworden sein, und vielleicht nehmen Sie dadurch erst einmal gar nicht so stark wahr, wie sehr sich Ihr Leben verändert hat.

Wenn es Ihnen schwer fällt, alleine an dieser Sache zu arbeiten, könnten Sie sich mit einem Freund oder einer Freundin zusammentun. Pflegen Sie regelmäßigen Erfahrungsaustausch, ermutigen und begleiten Sie sich gegenseitig. Das Wichtigste ist: Arbeiten Sie mit Humor. Freuen Sie sich an Ihren Erfolgen und neuen Beobachtungen. Lachen Sie ruhig öfter einmal über sich selbst und setzen Sie sich auf keinen Fall unter Leistungsdruck.

Die Prinzipien der Angstbewältigung

Um Angst bearbeiten zu können, müssen wir sie erkennen. Da wir selten von wirklich massiver Angst gepackt werden, brauchen wir ein Bewusstsein für feinere Nuancen. Also steht an erster Stelle Ihrer Arbeit die Selbstbeobachtung.

Da sich Angst immer in irgendeiner Form körperlich auswirkt, ist es ein guter Beginn, wenn Sie sich in der Wahrnehmung Ihres eigenen physischen Zustandes schulen. Der zweite Schritt zur erfolgreichen Angstbewältigung ist also die Verfeinerung Ihrer Körperwahrnehmung.

Der Atem ist nach dem Herzschlag die wichtigste Tätigkeit des Körpers, um uns am Leben zu halten. Wir haben im ersten Teil gesehen, dass die Atmung sehr schnell durch Angst gehemmt wird. Der nächste Arbeitsinhalt wird also sein, im Bewusstsein eine Verbindung von Angst und Atem herzustellen. Dies ist einer der beiden wichtigsten und grundlegendsten Schritte bei der Angstbewältigung.

Der andere der beiden wichtigsten Schritte ist, sich aus der Angst in die Realität zu versetzen.

Geistige Bilder und andere Hilfsmittel aus Ihrer eigenen Umgebung werden Ihre Arbeit mit dem Atem unterstützen.

Schließlich werden Sie sich, nach etwas Übung, auch bei stärkeren Angstgefühlen in kurzer Zeit den Weg in Ihre eigene Kreativität bahnen können.

Sie werden für den Vorgang der Angstbewältigung, so wie Sie ihn hier lernen, keinerlei äußere Hilfsmittel benötigen, keine Tees, keine Gurus[25]. Die Übungen können Sie allein durch Ihre innere Kraft geistig weitgehend unabhängig von äußeren Bedingungen machen.

---

[25] Ausgenommen sind krankhafte Angstzustände, die eine Behandlung durch geschulte Spezialisten erfordern.

Schritt 1: Selbstbeobachtung

Beobachten Sie sich über den ganzen Tag intensiv auf Ihre Reaktionen, welche Sie auf die verschiedenen Ereignisse hervorbringen, die Ihnen der Tag bietet. Das Wichtigste dabei ist, dass Sie vor allem anderen absolut ehrlich mit sich selbst sind. Nehmen Sie also – neben all Ihren positiven Reaktionen auf die Tagesgeschehnisse – auch wahr, wenn Sie zusammenschrecken, sich zusammenziehen, wenn sich der Nacken versteift oder der Magen flau wird.

Diese Übung soll ihnen vor allem helfen, eine ehrliche Authentizität mit sich selbst zu entwickeln. Kehren Sie nichts unter den Tisch, beschönigen Sie nichts, reden Sie sich nichts ein. Nehmen Sie auch die vielen positiven Empfindungen wahr, mit denen Sie auf die vielen Ereignisse des Tages reagieren. Registrieren Sie dennoch besonders feinfühlig die kleinen Ansätze zur Ängstlichkeit, die immer wieder auftreten.

Lesen Sie nochmals das Kapitel: „Woran erkennt man die eigene Ängstlichkeit?“. Betreffen Sie einige dieser Punkte? Bei welcher Gelegenheit entdecken Sie die entsprechende Verhaltensweise an sich selbst? – Bleiben Sie in diesem Stadium der Arbeit einfacher Beobachter. Beschränken Sie sich darauf, Ihre Reaktionen zu registrieren. Werten Sie nicht, versuchen Sie noch nicht, den Zustand zu ändern. Vor allem aber: Verdrängen Sie nichts.

Sie brauchen niemandem über Ihre Beobachtungen zu erzählen, es sei denn, Sie möchten Ihre Erfahrungen mit einer vertrauten Person oder Ihrem Übungspartner teilen.

Wenn Sie wollen, notieren sie sich Ihre Beobachtungen in eine Kladde. Halten Sie am Abend einen Tagesrückblick; spüren Sie nochmals in die notierten Situationen hinein. Registrieren Sie Ihre Gefühle – wiederum ohne Selbstverurteilung. Schließen Sie Frieden mit sich selbst und gehen Sie in diesem Frieden zu Bett.

Üben Sie diese Selbstbeobachtung so lange, bis Sie das Gefühl haben, dass Sie es spontan registrieren, wenn Sie ängstlich werden.

Schritt 2: Körperwahrnehmung

Nachdem Sie die bewusste Selbstwahrnehmung verinnerlicht haben, wenden Sie bei eintretender Ängstlichkeit die Aufmerksamkeit Ihrem Körper zu. Können Sie beobachten, welcher Körperteil sich anspannt oder sich unangenehm anfühlt, wenn die Angst beginnt? Registrieren Sie dies einfach, ebenfalls ohne jede Wertung oder Abwehr. Wenn es Ihnen möglich ist, versuchen Sie, den betreffenden Körperteil zu entspannen, sobald Sie eine Verkrampfung wahrnehmen.

Durch diese Beobachtung lernen Sie, Ihre eigenen körperlichen Reaktionen bewusst wahrzunehmen. Das ist wichtig, damit Sie in späteren Übungsschritten bewusst mit Ihren persönlichen „Lieblingsstellen" arbeiten können.

Um Ihr Verhältnis zu Ihrem Körper noch weiter auszubauen, können Sie in einer ruhigen Viertelstunde die folgende Übung ausprobieren. (Sehr komfortabel ist es, wenn man sich von einer Vertrauensperson „führen" lassen kann. Ihr Vertrauter liest in aller Ruhe die Übung vor und Sie folgen in Ihrer Wahrnehmung.)

- *Setzen oder legen Sie sich bequem hin. Sorgen Sie dafür, dass Sie nicht gestört werden.*
- *Stellen Sie sich eine Situation vor, in der Sie gemäßigte Angst verspüren könnten, etwa die Zeit vor einem Vorstellungsgespräch; im Wartezimmer beim Zahnarzt usw.*
- *Gehen Sie nun mit Ihrer Aufmerksamkeit durch Ihren Körper. Beginnen Sie mit dem Gesicht – dem Kopf – dem Hals. Ist da eine Stelle angespannt? Könnten Sie eine Muskelpartie „loslassen"? Wo Sie Verspannungen spüren, geben Sie nach. Sie*

können sich z. B. vorstellen, wie das betreffende Körperteil warm und schwer wird, gleichsam „zerfließt“.

- *Spüren Sie nun die Schulterpartie und den Nacken. Prüfen Sie in gleicher Weise den Muskeltonus. Lassen Sie wie oben verspannte Stellen los.*
- *Gehen Sie nun in die Arme und die Hände – dann von den Schultern in den Rücken – nehmen Sie Brust und Bauchraum wahr – den Magen – die Genitalien – den Anus.*
- *Danach spüren Sie ins Gesäß hinein – in die Oberschenkel – die Knie – die Unterschenkel – die Füße.*

Auf diese Weise bekommen Sie ein Gespür für Ihre speziellen neuralgischen Punkte. So fällt es Ihnen auch leichter, die betreffenden Körperstellen zu beobachten und wiederholt auftretende Verspannungen im Alltag leichter zu registrieren.

Viele Menschen machen es sich zur Gewohnheit, regelmäßig eine solche Entspannungsübung zu machen. Da der Alltag auch außerhalb von Angstmomenten genügend Gelegenheiten bietet, dass sich unser Körper verspannt (ergonomisch ungünstiger Arbeitsplatz, Kleidungszwang, Streß usw.), könnte eine solche Gewohnheit Ihre Angstbewältigungsarbeit unterstützen.

Schritt 3: Atmung

Sie haben nun zum ersten eine authentische, ehrliche Erkenntnis Ihrer Angstzustände entwickelt, zum zweiten sind Sie sensibler für die Signale Ihres Körpers geworden. Nun können Sie daran arbeiten, eine automatische Verbindung herzustellen zwischen Angst und Ihrem Atem. Arbeiten Sie nun also daran, sich folgendes anzugewöhnen: Sobald Sie den Beginn eines Angstzustandes bemerken, nehmen Sie einen tiefen Atemzug. Stellen Sie sich dabei vor, dass Sie das Angstgefühl und die körperliche Verspannung beim Ausatmen mit loslassen. Wiederholen sie diesen Atemzug bei Bedarf zwei oder drei Mal. Atmen Sie möglichst tief und entspannt, forcieren Sie nicht.

Ein Angstgefühl zu bekommen, heißt für Sie ab sofort: Sie beginnen mit bewusstem, tiefem Atmen. Dies sollte Ihnen zur Gewohnheit werden. Wenn Sie sich diesen Schritt wirklich zur Gewohnheit gemacht haben, ist dies die halbe Miete für eine erfolgreiche Angstbewältigung. Ihr freier, tiefer Atem läßt Sie ganz anders dastehen als ein eingeklemmtes Zwerchfell und die blockierte Stimmritze.

Es wäre sinnvoll, wenn Sie sich auch zwischendurch immer wieder mit der Beobachtung Ihres Atems beschäftigen, um auch in diesem Bereich Ihre Körperwahrnehmung zu verstärken. Gewöhnlich atmen wir viel zu flach, was zu einer permanenten Unterversorgung mit Sauerstoff führt. Modediktate wie „Waschbrettbauch und Wespentaille" verstärken diesen Sauerstoffmangel noch enorm. Unser Körper ist also in dieser Beziehung sehr oft unterversorgt. Damit wird das Entstehen von Angstzuständen begünstigt.

Üben Sie die tiefe, gesunde Atmung am besten im Sitzen oder im Stehen, weil Sie sich im Alltag meistens in diesen Positionen befinden. Dabei sollten Sie folgendes beachten:

- *Achten Sie auf Ihre Haltung. Halten Sie die Wirbelsäule gerade, allerdings ohne den berühmten Besenstiel zu verschlucken. Stellen Sie sich vor, am höchsten Punkt Ihres Kopfes sei ein Faden, der Sie zum Himmel zieht, die Füße sind in der Erde verwurzelt.*
- ***Geben Sie den Bauch frei.*** *Machen Sie sich unabhängig von den Ängsten, die z. B. von der Modebranche geschürt werden. Ein natürlich geformter Bauch sieht nicht eingezogen oder flach gespannt aus.*
- *Lassen Sie die Luft beim Atmen ganz mühelos in sich einfließen und beobachten Sie, wie Ihre Bauchpartie weich nachgibt. Dadurch entsteht das Gefühl, Sie würden in den Bauch atmen.*
- *Wenn sich Ihr Bauch während der Einatmung angenehm gefüllt anfühlt, atmen Sie weiter ein, indem Sie nun bewusst die Lungen füllen.*
- *Forcieren Sie niemals die Atembewegung. Sie sollten sich jederzeit wohl und entspannt fühlen. Es geht nicht darum, sich mit Luft voll zu pumpen, sondern darum, dass Sie Ihr natürliches Atemvolumen ausnutzen, um Ihren Körper mit allem zu versorgen, was er braucht.*
- *Lassen Sie Ihren Atem nun gehen. Nach der Ausatmung werden Sie eine kleine Pause spüren, bevor Ihre Einatmung ganz natürlich und zwanglos wieder beginnt.*
- *Lassen Sie Ihren Atem kommen – lassen Sie ihn gehen – warten Sie, bis er von alleine wiederkommt.*

Wenn Sie diese Übung öfter wiederholen, werden Sie zweifellos feststellen, dass sie auch tagsüber immer bewusster atmen.

Schritt 4: Erweiterte Atemübung

Wenn Sie die Wechselbeziehung zwischen Angst und Atmung automatisiert haben, können Sie den Effekt einer guten Atmung durch verschiedene Erweiterungen noch verstärken:

1. *Sanftes Klopfen des Brustbeines*
2. *Innere Bilder*

Zu 1.) Klopfen Sie mit Ihren Fingerknöcheln oder -spitzen während einiger tiefer Atemzüge sanft am Brustbein auf und ab. Auf viele Menschen hat dies eine stabilisierende, kräftigende Wirkung. Diese Übung weitet das Gefühl in der Brust und wirkt aufkeimenden Angstgefühlen entgegen.

Zu 2.) Die Qualität Ihrer Arbeit mit der Atmung kann durch innere Bilder („Visualisierungen“) enorm unterstützt werden. Hier sind Ihrer Phantasie keine Grenzen gesetzt. Zur Veranschaulichung biete ich hier einige erprobte Beispiele an.

- *Stellen Sie sich beim Einatmen vor, dass die Luft aufgeladen ist mit Millionen von gold-weiß funkelnden Lichtteilchen. Sehen Sie, wie diese Lichtteilchen beim Einatmen Ihren ganzen Körper (Ihr Denken, Fühlen...) aufladen.*
- *Beim Ausatmen sehen Sie, wie Ihre Angst (oder ein anderes Unwohlsein) Ihren Körper verläßt und in alle Winde zerstiebt. Wählen sie hierfür eine passende Erscheinungsform, z. B. graue Schleier oder was auch immer Sie als passend erachten.*
- *Wiederum sehen Sie beim nächsten Einatmen die goldweißen Lichtteilchen. Sehen Sie zu, wie diese die Stellen ausfüllen, an denen vorher die grauen*

Schleier saßen. Laden Sie so alle Stellen auf, die es nötig haben.

Die goldenen Lichtteilchen können Sie natürlich bei Bedarf auch durch etwas ersetzen, das Ihnen besser gefällt, so etwa kleine Pakete von Kraft, Mut und Energie oder durch andere Farbvorstellungen, die Ihrem Temperament entsprechen. Wichtig ist, dass Sie das Gefühl haben, das Bild entspricht Ihnen und Ihren Bedürfnissen.

Schritt 5: Ein Bild für Mut und Kraft

Schließen Sie die Augen und lassen Sie aus Ihrem Herzen ein Symbol in Ihr Bewusstsein aufsteigen, das für Sie den Inbegriff von Kraft, Mut und sicherem, klarem Denken darstellt. Das kann ein Bild sein, ein Zitat, ein Stück Musik oder eine Kombination von alledem. Rufen Sie sich dieses Symbol oft ins Bewusstsein. Stellen Sie sich vor, wie es Sie ausfüllt, einhüllt, durchdringt. Spüren Sie die Wirkung im Körper, im Denken, im Fühlen und in Ihrer Inspiration.

„Ein Bild sagt mehr als tausend Worte". Bildliche Vorstellungen sind mehr als bloße Gedankenspiele. In einem Bild sind Energien in komprimierter Form enthalten. Es steht für ganz bestimmte Qualitäten, die Sie jedes Mal wachrufen, wenn Sie das betreffende Bild vor Ihrem geistigen Auge haben. Daher kann man es als „Symbol" bezeichnen: Es steht stellvertretend für eine ganze Einheit von Qualitäten. Dasselbe gilt für ein Musikstück oder für einen inhaltsreichen Satz.

Es gibt keinerlei Regel dafür, was für Sie „das beste" Symbol ist. Daher kann auch nur Ihre eigene Kreativität das Richtige für Sie hervorbringen. Eine Farbe, die jemand anderen fröhlich macht, kann in Ihnen eine völlig andere Resonanz hervorrufen. Die Musik, zu der ein anderer tanzt, muss Ihnen nicht gefallen. Daher kann Ihnen auch kein anderer Mensch das Patentrezept für Ihr Leben geben.

Auch bei diesem Schritt gilt für Sie: Kein Druck, kein Erfolgszwang, keine Erwartung. Nehmen Sie zunächst einfach an, was aus Ihrem Inneren aufsteigt. Überprüfen Sie dann die Wirkung, indem Sie sich vorstellen, das entsprechende Symbol würde Sie ganz und gar ausfüllen. Benennen Sie für sich die Wirkung, die es auf Sie ausübt. Wenn Sie damit zufrieden sind und sich wohl fühlen, benutzen Sie es. Wenn es Ihnen nicht genug Mut und Kraft zu geben scheint, verwerfen Sie es und suchen Sie ein neues Symbol, bis sie sich gut damit fühlen.

In der täglichen Praxis können Sie sich zum Beispiel vorstellen, wie das Symbol (genauer gesagt: seine Energie) Ihren Körper, Ihre Gefühle, Ihr Denken ausfüllt. Oder ersetzen Sie die funkelnden Lichtteilchen aus der vorherigen Übung mit Ihrem Symbol für Mut und Kraft. Spielen Sie mit allen Möglichkeiten, die Ihnen die Freiheit geistiger Arbeit bietet.

Je öfter Sie mit diesem Symbol arbeiten, desto mehr Wirkung wird es auf Sie haben. Kombinieren sie es mit der gesunden, tiefen Atmung, und Sie können sich mit etwas Übung innerhalb von kürzester Zeit enorm aufladen und stärken.

Schritt 6: Der Schritt in die Realität

Nachdem Sie sich im Angstzustand durch Atmung, Entspannung und Visualisierung beruhigt haben, nehmen Sie nunmehr den Realitäts-Check vor.

Fragen Sie sich erstens: Wovor habe ich konkret Angst?
Fragen Sie sich zweitens: Wo bin ich jetzt im Moment?

Dieser entscheidende Schritt bringt Ihr Bewusstsein augenblicklich weg von jedem Angstgeschehen in die einzig existierende Realität, die *Gegenwart.* Vor diesem Schritt bestand die Frage, was eventuell im nächsten Moment passieren könnte (Irrealität); nach dem Schritt können Sie sich damit beschäftigen, was Sie in diesem Moment aufgrund Ihrer ureigenen Fähigkeiten und schöpferischen Kräfte tun können, um die Situation zum Besten zu wenden (Realität). Sie lenken den Scheinwerferkegel Ihres Bewusstseins weg von einer unsicheren und noch nicht existenten Zukunft bzw. weg von einer nicht mehr real existierenden Vergangenheit (beides ist Illusion) auf das Hier und Jetzt.

Wenn Sie sich fragen, wovor Sie konkret Angst haben, werden Sie gewöhnlich feststellen, dass die befürchtete Situation in der Gegenwart nicht existiert. Es könnte aber sinnvoll sein, die Situation noch ein wenig genauer zu untersuchen.

Fragen Sie sich weiterhin: Kenne ich die Situation, in der ich bin, bereits?
Falls ja: Wie sind Sie bisher damit umgegangen? Mit welchem Ergebnis?
Falls nein: Konzentrieren Sie sich auf die Gegenwart und stellen Sie fest, was Sie jetzt (spontan) tun könnten, um die Situation zum Besten zu lenken.

Bedenken Sie erneut, dass Ihre Vorstellungen und Gefühle Ihre Welt hervorbringen. Wenn Sie *in der Gegenwart* Ihr Bewusstsein, Ihre Gedanken und Gefühle auf unerfreuliche Vorstellungen lenken, neigen diese dazu, sich zu verwirklichen. Wenn Sie sich *in der Gegenwart* auf erfreuliche, konstruktive und siegreiche Gedanken und Gefühle konzentrieren, gilt dasselbe. Die Wendung Ihres Bewusstseins weg von den Befürchtungen im Angstzustand hin zu aufbauenden Ideen ist die Lösung für alle Schwierigkeiten, die bisher durch Angst verursacht wurden.

Üben Sie sich häufig darin, sich aus illusionären Gedankenbildern in die Gegenwart zurückzuholen. Es ist verblüffend, wie häufig unser Bewusstsein in Gefilde abschweifen kann, die nichts mit dem Hier und Jetzt zu tun haben. Das heißt nicht, dass man sich nicht mit der „Zukunft" beschäftigen sollte, schließlich prägen wir sie durch unsere Vorstellungen. Auch die „Vergangenheit" hat Bedeutung, weil der gegenwärtige Augenblick auf dem beruht, was wir früher getan haben. Insofern kann die vorübergehende Beschäftigung mit der Vergangenheit sehr lehrreich sein.

Wir müssen mit diesen inneren Vorstellungen aber bewusst umgehen. Bildlich gesprochen: Lassen wir die Zügel schießen, machen unsere Vorstellungen mit uns, was sie wollen. Haben wir jedoch die Kontrolle in der Gegenwart, können wir unsere Vorstellungen lenken. So formen wir unser Leben gemäß unserer Inspiration. Daher besteht die Krönung dieses Arbeitsabschnittes aus einer weiteren Visualisierung:

Formen Sie ein genaues Bild davon, wie Sie sich den Endzustand der Situation wünschen. Berücksichtigen Sie hierbei das Wohl aller Beteiligten. Halten sie dieses Bild fest, rufen Sie es sich häufig vor das innere Auge. Laden Sie es dabei mit freudigen Gefühlen, Dankbarkeit und dem Gefühl des Sieges auf.

Schritt 7: Kreatives Handeln

Sie haben sich nun darin geübt, Ihr Bewusstsein aus einem Angstzustand heraus in die Realität zu lenken und eine Vorstellung vom wünschenswerten Endzustand hervorzubringen. Der abschließende Schritt zur Auflösung der betreffenden Situation ist, dass Sie sich nunmehr fragen, was Sie aufgrund Ihrer eigenen Fähigkeiten praktisch tun können, um die Lage zum Wohl aller Beteiligten zu meistern und den visualisierten Endzustand herzustellen.

Da Sie durch die vorher geübten Schritte in jeder Situation mit klarem Denken in der schöpferischen Gegenwart stehen können, haben Sie nun die Möglichkeit, aus Ihrem eigenen Inneren heraus zu *handeln.* Die letzte Visualisierung, die im vorigen Abschnitt beschrieben wird, ist ein Ausdruck dessen, wie Sie Ihr Leben durch schöpferische Vorstellungskraft bewusst formen können.

Es ist jedoch wichtig zu erkennen, dass die Visualisierung eines Idealzustandes nicht gleichbedeutend mit seiner physischen Verwirklichung ist. Die Verwirklichung erfordert praktische Arbeit, das Handeln im Hier und Jetzt. Wenn Sie ein schönes Grundstück besitzen und sich ein prächtiges Haus auf diesem Grundstück wünschen, wird es nicht bloß dadurch entstehen, dass Sie sich dieses Haus Tag und Nacht vorstellen. Sie müssen praktische Schritte unternehmen, Sie müssen *tätig* werden, um die Idee zur physischen Realität werden zu lassen.

Wenn Sie angstfrei in Ihrer schöpferischen Gegenwart stehen, sind Sie imstande, zu reden und zu handeln, ohne von der Angst, zurückgewiesen zu werden oder hemmen zu lassen. Sollten Sie tatsächlich zurückgewiesen werden, dann ist es eben so. Auch die Angst vor dem Scheitern wird so verschwinden. Nur weil man keine Angst mehr hat und gute Ideen hervorbringt, heißt das ja nicht, dass nun alles auf Anhieb gelingt. Der eine oder andere Fehlschlag wird Sie aber nicht mehr zurückwerfen auf die Stufe des „Opfers". Fehlschläge werden auch weiterhin unangenehm sein, aber Sie werden sie nicht nur überleben, sondern trotz allem weiter kreativ sein.

Dieser letzte Schritt ins kreative Handeln muss ebenso erarbeitet werden wie alle anderen vorher. Ihre schöpferische Kraft ist so geartet, dass sie auch auf ganz ungewöhnliche Ideen kommt – auf Ideen, die Sie vielleicht noch nie vorher von irgendjemandem gehört haben. Wenn Sie aufgrund dieser Kraft handeln, kann es sehr wohl möglich sein, dass Sie äußerst unkonventionell werden, sehr direkt, und sehr genau auf den Punkt. Doch genau hier beginnt Ihre Individualität.

Sie werden in diesem Bewusstsein niemals aus negativen Beweggründen handeln. Die wahre schöpferische Individualität unterscheidet sich nämlich deutlich von bloßem „Spontansein", „Originalität", „Trotz" oder „Anderssein". Sie werden niemandem etwas „beweisen" wollen. In der wahrhaft kreativen Kraft ist nichts Gewolltes oder Aufgesetztes. Im Gegenteil werden Sie sich wundern, wie leicht und selbstverständlich Ihnen die Dinge von der Hand gehen, und zwar einfach deswegen, weil Sie in diesem Handeln bei sich selbst zu Hause sind, in Ihrem eigenen wahren und schöpferischen Bewusstsein. Und Sie werden feststellen, dass sich auch Ihre Umgebung zum Guten verändern wird, wenn Sie auf diese Weise immer häufiger Weizensaaten ausbringen.

Zusammenfassung: Befreiung aus der Angst

Ihre Ausgangsposition

- Sie sind ein schöpferisches Wesen.
- Daher ist Ihr Leben selbstbestimmt. Form und der Ablauf Ihres Lebens ergeben sich aus der Art und Weise, wie Sie bewusst oder unbewusst die Gesetze der Gesamtschöpfung anwenden.
- Somit sind Sie **absolut selbstverantwortlich für alles**, was in Ihrem Leben ist.
- Sie sind also kein Opfer. Der Glaube, Opfer zu sein (d. h.: einer Gegebenheit wehrlos unterworfen zu sein), ist eine ewige Angstquelle.
- Sie sind somit niemandem und nichts ausgeliefert (Es sei denn, Sie entscheiden sich dafür).
- In Ihrer schöpferischen Kraft ist alle Weisheit des Lebens vorhanden. Sie können sich diese Kraft erschließen und darin für alle Situationen Ihres Lebens in Ihnen selbst die richtigen Lösungen finden.

Ihre Arbeit mit der Angst

- Sie stellen fest, dass Sie Angst haben.
- Sie entspannen die von Verkrampfung betroffenen Körperteile
- Sie beginnen, tief und befreiend zu atmen
- Sie kombinieren ggf. die Atmung mit Visualisierung
- Sie fragen sich, wovor Sie konkret Angst haben
- Sie stellen fest, wo Sie jetzt im Moment sind
- Sie bemerken den Unterschied zwischen der vorgestellten Angstsituation und der Realität
- Sie fragen sich nach Erfahrungswerten und ob diese auf die gegebene Situation anwendbar sind

- Sie handeln aus der Gegenwart heraus angstfrei, spontan und kreativ
- Sie haben stets das Wohl aller Beteiligten im Auge

Wenn es Ihnen hilft, können sie Ihre Übungen jederzeit durch **Affirmationen**[26] unterstützen. Diese Affirmationen sollten immer realistisch formuliert sein, damit sie von Ihrem schöpferischen Bewusstsein akzeptiert werden. Wenn Sie Angst haben, ist es einfach unrealistisch, hundert Mal den Satz zu wiederholen: „Ich habe keine Angst“, einfach weil es den Tatsachen nicht entspricht.

Sinnvoll und effektiv wäre es zum Beispiel, zu affirmieren: „Ich lerne, Tag für Tag besser mit meiner Angst umzugehen“. Eine andere Möglichkeit: „Ich bin schöpferisch. Alle Lösungen für jedes mögliche Problem sind in meinem schöpferischen Bewusstsein vorhanden und zeigen sich, wenn ich sie brauche“. Oder: „Ich kann als schöpferisches Wesen in jedem Moment Einfluss auf jede beliebige Gegebenheit nehmen, um sie zum Positiven zu verändern“.

Auch hier gibt es keine Norm, keine für jeden Menschen verbindliche und gleichermaßen wirksame Vorgabe. Experimentieren Sie mit allem, das Ihrem Wesen entspricht. Machen Sie Ihre Erfahrungen und steigen Sie so in Ihre Gegenwart empor wie Phönix aus der Asche.

---

[26] Affirmation: Bejahung, Zustimmung, Bekräftigung. Im weiteren Sinne ein Satz oder mehrere Sätze, die das schöpferische Bewusstsein in die gewünschte Richtung lenken sollen, um entsprechende physische Ergebnisse hervorzubringen. Affirmationen sollten, um wirklich erfolgreich zu sein, häufig und mit tiefem Gefühl wiederholt werden. Auf diese Weise wird Ihr schöpferisches Bewusstsein genau das hervorbringen, was Sie wünschen.

Ein praktisches Beispiel

Dass das hier vorgestellte System der Angstbewältigung tatsächlich wirkt und nicht nur graue Theorie ist, möchte ich an einem selbst erlebten, höchst realen und drastischen Beispiel veranschaulichen. Die Tatsache, dass ich in der Lage bin, lebendigen Leibes diese Zeilen zu schreiben, ist der Beweis für die Anwendbarkeit der Methode in jeder Situation.

Im Sommer 1996 waren meine Familie und ich auf Kreta im Sommerurlaub. Eines Tages herrschte ein besonders kräftiger Wind vom Land aufs Meer hinaus. Trotzdem ließ ich mich nicht davon abhalten, hinauszuschwimmen – mit einer gewissen Freude am Abenteuer, wie ich gestehe. Wind und kräftige, kurze Wellen begleiteten mich bis zu einer Boje, die eine Wassertiefe von zehn Metern anzeigte. Bis hierhin hatte ich mich noch einigermaßen wohl gefühlt. Als ich mich jedoch umwandte, dem Strand zu, änderte sich meine Stimmung sehr rasch. Ich hatte sowohl Wind als auch Wellengang unterschätzt und beides war nun direkt gegen mich gerichtet. Gischt spritzte, der Wind nahm mir den Atem.

Wie man sich vorstellen kann, packte mich ziemlich plötzlich die Angst. Naturkräfte sind eben Naturkräfte, und sie nehmen ihren Weg auch über leichtsinnige Menschen hinweg. Bis zum Strand waren es schätzungsweise 300 Meter, und es erschien mir im ersten Moment kaum möglich, wieder dorthin zu gelangen. Doch konnte ich auch ziemlich schnell feststellen, dass ich das Leben liebe, und dass ich bereit war, dafür zu kämpfen.

Als erstes bemühte ich mich, eine Körperhaltung zu finden, in der ich einigermaßen regelmäßig atmen konnte *(Atmen).* Ich begann, kräftig, aber kontrolliert in Richtung Strand zu schwimmen *(das Bestmögliche in einer gegebenen Situation tun).* Zwischendurch kamen mir sehr nüchtern Gedanken ins Bewusstsein, wie es wohl konkret wäre, an diesem Ort zu ertrinken. Doch war ich imstande, eine Realitätsprüfung vorzunehmen *(Wovor hast du Angst/wo bist du jetzt im Moment?),* die recht eindeutig besagte, dass ich im Moment noch lebendig war, atmete und Schwimmbewegungen machte.

Die Zeit zog sich in die Länge, denn aufgrund des Wellengangs kam ich nur sehr langsam vorwärts. So hatte ich tatsächlich die Möglichkeit, eine Gedankenform für meine Rückkehr zu entwickeln *(Visualisierung der zukünftigen Situation).* Ich visualisierte also so oft und intensiv wie möglich, wie ich aus dem Meer an den Strand zurückkam, auf meine Frau zuging, welche ich mir mit meiner Tochter auf dem Arm vorstellte, und wie ich sagte: „Ich bin froh, dass ich wieder da bin“. An diesem Bild hielt ich in jedem Moment fest, den ich darauf verwenden konnte. Es gelang mir sogar, in Ruhe Krämpfe zu lockern, die sich während meines mühsamen Schwimmens aufs Land zu einstellten *(Verkrampfungen lösen).*

Das Gedankenbild, welches ich die ganze Zeit hochhielt, verbunden mit dem Gefühl: „ich hab's tatsächlich geschafft“, haben sich exakt so verwirklicht wie ich es geprägt habe.

Dieses Erlebnis zeigt, dass sehr einfache Methoden auch in stürmischen Zeiten, wenn Ihnen der Wind stark „ins Gesicht bläst“, wirksam sein können, und dass es lediglich eine Frage von Geistesgegenwart und Selbstdisziplin ist, Theorie in die Praxis umzusetzen.

Ihr Ausstieg aus der Manipulation durch Angst

Wir haben gesehen, in welchem Ausmaß unsere Welt zurzeit durch Angst bestimmt wird. Zum Teil geschieht dies unbewusst, weil sehr viele Menschen gar nichts davon wissen, in welchem Ausmaß ihre eigenen Verhaltensweisen von Angst durchzogen sind. Wenn Angst zur Gewohnheit wird, bemerkt man sie nicht mehr. Entsprechend beeinflussen viele Muster der Angst auch ohne böse Absicht das zwischenmenschliche Verhalten. Auf diese Weise ist die Angst zu einem großen Teil mehr oder weniger absichtslos zum ständigen Begleiter großer Teile der Menschheit geworden.

Zu einem guten Prozentsatz wird das Phänomen Angst aber auch bewusst eingesetzt, um Menschen zu kontrollieren. Wer dies absichtlich tut, strebt nach persönlicher Macht, persönlichem Reichtum und Kontrollbefugnissen. Doch warum sollte ein Mensch nach solchen Dingen streben, wenn er nicht selbst Angst hätte?

Warum veröffentlicht ein Wissenschaftler gefälschte Versuchsergebnisse, wenn er nicht Angst davor hat, seine Reputation zu verlieren, Gelder gestrichen zu bekommen oder sonstige persönliche Nachteile in Kauf nehmen zu müssen? Warum verhindert ein Politiker, dass lebensfeindliche Technologien verboten und abgeschafft werden, wenn nicht aus Angst um den Einfluss der industriellen Lobby auf seine Karriere? Warum strebt jemand danach, andere zu kontrollieren und zu beherrschen, wenn er nicht Angst vor seiner eigenen Machtlosigkeit hätte oder davor, sonst nichts wert zu sein?

Warum lassen die Menschen ihre Freiheit im Denken, Fühlen und Handeln Stück für Stück einschränken, wenn nicht aus Angst vor allen möglichen echten oder fiktiven Bedrohungen, denen sie sonst ausgesetzt würden? Warum haben wir nicht schon lange viel mehr unternommen, um die Zerstörung unserer Natur zu verhindern, wenn nicht aus Angst vor dem Verlust unserer sogenannten Lebensqualität oder aus Angst, bei anderen unbeliebt zu sein? Warum fordern wir nicht energischer und konsequenter den Wiederaufbau einer wahren Moral im täglichen Leben, wenn nicht aus Angst, als Moralapostel ausgelacht zu werden?

Solange Angst die Gemüter regiert, kann eine liebevolle und gesunde Welt nicht realisiert werden. Wer unbewusst in der Massenströmung der Ängste mitschwimmt, kann nicht einmal auf seine eigene Welt positiven Einfluss nehmen, geschweige denn auf größere Zusammenhänge. Indem Sie damit beginnen, Ihre Ängste Stück für Stück wahrzunehmen und abzuschaffen, nehmen Sie wachsenden konstruktiven Einfluss auf den Lauf der Welt. Auf diese Weise erarbeiten Sie sich auch neue Perspektiven auf den Gang der Dinge, ebenso wie ein neues Selbstvertrauen und ein umfassenderes Bewusstsein.

Um diese entscheidenden Schritte zu tun, braucht es vielleicht ein wenig Zeit. Die wahre schöpferische Kraft unterscheidet sich nämlich deutlich von bloßem „Spontansein“, „Originalität“ oder „Anderssein“. In dieser Kraft ist nichts Gewolltes oder Aufgesetztes. Das einzige, was Sie in dieser Kraft sein können, sind Sie selbst – Ihr wahres, wunderbares, unverwechselbares geistiges Wesen, das sich durch Ihr Denken, Fühlen, Sprechen und Handeln ausdrückt. Darum wird dieser Zustand auch mit den Worten „ICH BIN“ bezeichnet.

In diesem Sein hat die Angst keine Chance, denn es gibt nur die Gegenwart. Angst beschäftigt sich mit irrealen Bildern, in der Gegenwart gibt es nur die Realität. Angst ist zutiefst kontraproduktiv, die Gegenwart ist schöpferisch. Angst zieht sich ins Schneckenhaus zurück, die Gegenwart hat immer das Wohl des Großen und Ganzen im Auge – in Liebe.

Diese Gegenwart kann nicht beschrieben werden. Man kann nur in dieser Gegenwart *sein.* Dieser Zustand kann nur dann dauerhaft verwirklicht werden, wenn das Bewusstsein *ständig* auf dieses Hier und Jetzt gerichtet ist. Ihr Bewusstsein ist der einzige Ort, an dem Sie SIND, und Sie SIND gemäß der Richtung, in die Sie den Lichtkegel Ihres Bewusstseins ausrichten.

Sie können auch nicht *versuchen,* in der Gegenwart zu sein oder *so tun, als ob Sie es wären.* Sie sind es oder nicht. Wenn Sie es *versuchen,* sind Sie es logischerweise nicht. Und wenn Sie es *sind* – wie wollen Sie es merken? Wie merkt der Fisch, dass er eins ist mit dem Wasser?

Hier beginnt das Training des echten Selbstvertrauens. Selbst-Vertrauen. Dem eigenen Selbst vertrauen. Und was steht dem entgegen, uns selbst zu vertrauen? Angst. Angst vor Fehlschlägen, Angst vor Ausgestoßensein, Angst, abgelehnt zu werden, Angst, nicht würdig zu sein.

In dem Maße, da Sie lernen, sich selbst mehr und mehr zu vertrauen, werden Sie zunehmend angstfrei handeln. Angstfrei handeln heißt automatisch konstruktiv handeln, zum Wohle des Großen, Ganzen handeln, Ihre ganze Umgebung in Ihr Denken mit einzubeziehen. Sie gewinnen an Ruhe, Gelassenheit, Freundlichkeit und Sicherheit. Sie werden zum Leuchtturm. Auch hier gilt: Sie können nicht versuchen, ein solcher zu sein. Sie können nicht so tun, als ob Sie einer wären. Sie sind es einfach, ohne darüber nachzudenken. Das macht Sie natürlich und authentisch.

Mit einem solchen Bewusstsein werden Sie automatisch mehr und mehr andere Menschen anregen, dasselbe zu tun wie Sie. In dem Maße, wie das Leben von Angst befreit und gereinigt wird, wird es gesünder und entspannter werden. Das gilt für ein individuelles Leben genauso wie für das Leben als Ganzes betrachtet.

Ihr Einfluss auf die Welt ist von entscheidender Bedeutung. Wie der Indianerhäuptling Seattle in seiner berühmten Rede von 1855 vor dem amerikanischen Präsidenten Franklin Pierce sagte, sind alle Dinge verbunden. Das weltweite Geflecht der Angst muss ersetzt werden durch ein Netzwerk von Liebe und Wohlwollen für alles Leben. Der Weg führt über die Reinigung jeder einzelnen Faser, die zu diesem Netzwerk gehört. Sie sind eine solche Faser. Wenn Sie Ihre eigene Welt reinigen und Verantwortung für alle Lebensbereiche übernehmen, die mit Ihnen verwoben sind, tun Sie alles, was Ihnen möglich ist. Je mehr Menschen Sie durch dieses Verhalten anregen, dasselbe zu tun, desto besser ist es.

Diese Welt kann nicht durch ein einziges menschliches Wesen „erlöst" werden, und sei er oder sie noch so erleuchtet. Geben Sie weiter, was Sie wissen, denken, fühlen, reden, handeln Sie angstfrei und steigen Sie so aus der Manipulation unseres täglichen Lebens durch Angst aus. Helfen Sie anderen, dasselbe zu tun. Das Leben braucht Sie.

MVV

Michaels Verlag & Vertrieb GmbH
Ammergauer Str. 80 - 86971 Peiting, Tel.: 08861-59018
Fax: 08861-67091, e-mail: mvv@michaelsverlag.de
Internet: www.michaelsverlag.de

Arthur M. Miller
Büchlein wider die Schwermut
EUR 12,80 ISBN: 3-89539-493-9

Es ist für uns als Verlag eine große Freude nach dem „Büchlein vom reinen Leben“ ein weiteres Werk von Arthur Maximilian Miller veröffentlichen zu dürfen.
Das Buch: „Büchlein wider die Schwermut“ ist eine meditative Betrachtung über die Schwermut und wie wir sie wandeln können. Ein Text der aufmerksame Herzen verdient.

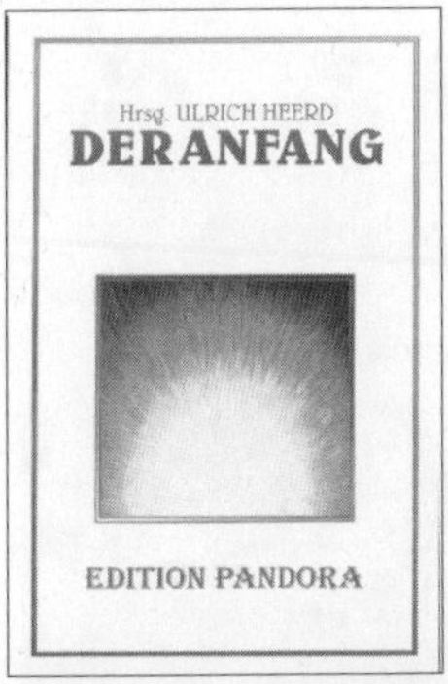

Ulrich Heerd
Der Anfang
EUR 9,50 ISBN: 3-89539-298-7 (Paperback)
Der Autor erzählt von der „Mitte der Nacht“ und beschreibt seine persönliche „Einweihung“. Er schildert uns seine Begegnung mit einer Wesenheit, die er „Maria Sophia“ nennt, und an ihrer Hand durchschreitet er die Sternensphäre, um am „See ihrer Augen kniend“ den Urbeginn der Schöpfung zu sehen.
Das Buch hat nicht den Anspruch, letzte Wahrheiten zu verkünden, „denn der Welt ist nicht Not an Antworten. Der Welt mangelt es an wirklichen Fragen.“
Eine Reise zum Beginn der Zeit.

Arthur M. Miller
Das Büchlein vom reinen Leben
EUR 11,00 ISBN: 3-89539-101-5 (Leinen gebunden)
Dieses Buch ist ein Schulungsweg, es ist ein fast kindlich anmutendes Werk, eine Meditation über die Reinheit. Einfach in der Sprache weckt es die „gute Seite“ in den Seelen der LeserInnen.
Ein liebenswertes Büchlein über die Einfachheit, die Einheit und die Reinheit. Ein Buch, das die tiefsten Seelenschichten anspricht und vor dessen Klarheit sich kein Leser verschließen kann.

MVV

Michaels Verlag & Vertrieb GmbH
Ammergauer Str. 80 - 86971 Peiting, Tel.: 08861-59018
Fax: 08861-67091, e-mail: mvv@michaelsverlag.de
Internet: www.michaelsverlag.de

Gerhard Leukroth

Turmalin - Stein des Herzens und der Seele

EUR 29,90, ISBN: 3-89539-174-3 Hardcover

Auf faszinierende Weise erfahren Sie, was Sie von der mineralogischen Enstehung des Turmalin lernen können, um den in Ihnen selbst liegenden edelsten Stein ans Tageslicht zu fördern: deb Stein der Weisen, das wahre Selbst.l

Gerhard Leukroth vergleicht die mineralogischen Entwicklungsstufen des Turmalin mit den seelischen des Menschen, um aufzuzeigen, dass sie den Stufen des alchemistischen Einweihungsweges entsprechen. Dabei können Sie Ihren momentanen Entwicklun gsstand ermitteln, um ihn bewusst in eine ganzheitliche Richtung zu lenken.

Golden Life

Euro 18,00

ISBN 3-89539-192-1

Best of Life

Euro 18,00

ISBN 3-89539-185-9

Best of Life II

Euro 18,00

ISBN 3-89539-193-X

Die schönsten Entspannungsmusiken der letzten Jahre in neuer, bester digitaler Klangqualität.

Der Mentalexperte Nr. 1 in Deutschland, Prof. Kurt Tepperwein: „ Die Musik berührt die Menschen auf tiefen, seelischen Ebenen. Man spürt sofort die heilende und harmonisierende Schwingung im Raum. Die Musik bewirkt bei den Hörern wahre Wunder bei Anspannung und Stress.

MVV Michaels Verlag & Vertrieb GmbH
Ammergauer Str. 80 - 86971 Peiting, Tel.: 08861-59018
Fax: 08861-67091, e-mail: mvv@michaelsverlag.de
Internet: www.michaelsverlag.de

Tepperwein / Aeschbacher

Von der Sprachlosigkeit in Beziehungen

Euro 24.90 ISBN 3-89539-202-2

Dieses Buch verwebt auf meisterhafte Art und Weise Tiefenpsychologie mit Gesetzen der praktischen Lebensführung, Rhetorik mit unbewussten geistigen Gesetzmäßigkeiten. Beziehung ist ein Lernspiel. Das Buch erklärt die Regeln, nach denen das Spiel abläuft.
Hier wird kein Blatt vor den Mund genommen. Zugleich bedient sich die Sprache der Autoren eines gehobenen Niveaus, das nie die Fassung verliert.

Tepperwein / Aeschbacher

Die Kraft der Intuition - Die geistigen Gesetze

Euro 21.90 ISBN 3-89539-204-9

Das Buch kann Ihr Leben verändern!
Geht es doch um die Grundfragen des Lebens und eine faszinierende Möglichkeit, Ihr Leben neu zu gestalten: erfolgreicher, harmonischer, glücklicher und liebevoller.
Könnten Sie sich vorstellen, jahrelang blind durch das Leben geirrt zu sein und plötzlich sehen zu können?
Das Buch lädt Sie ein, die Augen zu öffnen und Ihr Leben im Licht zu führen.

Tepperwein / Aeschbacher

Der Mann in den Jahren

Euro 24.90 ISBN 3-89539-203-0

Dem Leser öffnet sich durch das Studium dieses Buches die Türe zu einem völlig neuen Umgang mit sich selber und mit seinen Mitmenschen in seiner Eigenschaft als Mann. Hierfür bedient es sich detaillierter Übungen, praxisnaher Rezepte aber auch klassischer Weisheitslehren, die hier in einem völlig neuen Gewand präsentiert werden.
Frauen, die ihre Männer besser verstehen wollen, erhalten hier wertvolle Tipps, um auch ihren Froschkönig in einen Prinzen zu verwandeln.

MVV

Michaels Verlag & Vertrieb GmbH
Ammergauer Str. 80 - 86971 Peiting, Tel.: 08861-59018
Fax: 08861-67091, e-mail: mvv@michaelsverlag.de
Internet: www.michaelsverlag.de

Hans Andeweg

In Resonanz mit der Natur

EUR 19,90 ISBN: 3-89539-299-5 (Hardcover)

Das Buch behandelt das Thema "Kommunikation mit der Natur". Hier finden wir Impulse vom "sanften Umgang" mit der Natur. Andeweg berichtet von der Beobachtung, daß es den "Grünen Daumen" gibt, er schreibt über Radionik und bringt uns das Sprechen zu den Pflanzen und die Sprache der Bäume untereinander näher. Die Welt wird nach diesem Buch anders wahrgenommen.

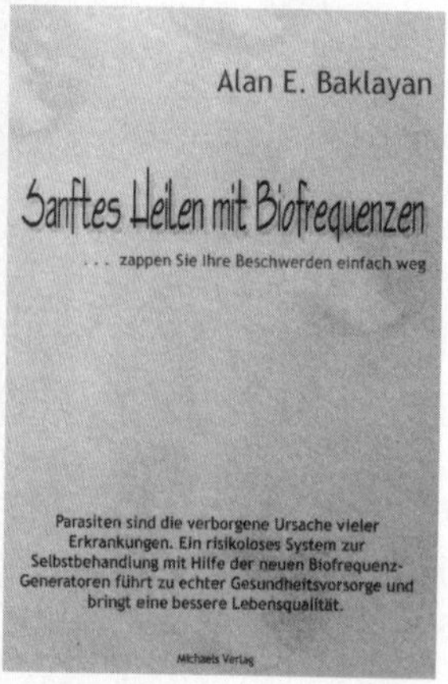

Alan E. Baklayan

Sanftes Heilen mit Biofrequenzen

EUR 12,80, ISBN: 3-89539-176-X Broschur

Zappen- sanftes Heilen mit Biofrequenzen.

Immer mehr Menschen fühlen sich für ihre Gesundheit selbst verantwortlich und wollen möglichst lang gesund leben.Dieses Buch informiert über die interessanten, fast revolutionären Möglichkeiten moderner und eigenverantwortlicher Gesundheitsvorsorge kompetent und in leicht verständlicher Weise aus der Sicht eines erfahrenen Biofrequenz-Therapeuten. Das hier vorgestellte neue Gesundheits-Selbsthilfe-System der Eigenbehandlung mit dem Zapper der neuen Generation eröffnet weitere Dimensionen gesundheitlichen Wohlbefindens. Nicht nur alltägliche Erkältungen und Grippe, sondern auch Diabetes, Gicht und rheumatische Beschwerden können durch diese Methode erfolgreich beeinflusst werden.

MVV

Michaels Verlag & Vertrieb GmbH
Ammergauer Str. 80 - 86971 Peiting, Tel.: 08861-59018
Fax: 08861-67091, e-mail: mvv@michaelsverlag.de
Internet: www.michaelsverlag.de

Roman Warszewski
Gespräche mit
Carlos Castaneda
ca. 128 Seiten Euro ca. 14,80
ISBN: 3-89539-494-7(Hardcover)

Roman Warszewski ein junger polnischer Doktorand. Er lernt Carlos Castaneda in Deutschland kennen. Das Schicksal wollte es, daß die beiden sich eine Wohnung teilen mußten und hier am Küchentisch darf der Kenner der Carlos Castanedas Bücher den Autor, den Menschen, den Zauberlehrling schätzen lernen.

An vielen Abenden werden intensive Gespräche geführt und Aufzeichnungen gemacht. Es sind diese Gespräche in dem der Yaki Zauberer Don Juan Matus lebendig wird.

Das Buch „Gespräche mit Carlos Castaneda“ ist die authentische Schilderung eines Meisters, der Worte und der Sprache. Der Zauber der all seine Bücher durchzieht. Im vorliegenden Band kommen wir zu seiner Quelle.

MVV

Michaels Verlag & Vertrieb GmbH
Ammergauer Str. 80 - 86971 Peiting, Tel.: 08861-59018
Fax: 08861-67091, e-mail: mvv@michaelsverlag.de
Internet: www.michaelsverlag.de

Judyth Reichenberg-Ullman / Robert Ullman

Richtig wütend - Zorn lösen Balance finden

EUR 23,90 ISBN: 3-89539-088-7 (Hardcover)

Obwohl Wut eine normale Emotion ist, kann sie bei einigen Kindern zu größeren Konflikten führen. Falls Ihr Kind häufig aggressiv wird, Wutausbrüche bekommt oder sogar gewalttätig wird, können Sie ihm helfen, sein Gleichgewicht wieder zu finden. In diesem Buch erklären die bekannten homöopathischen Ärzte Judyth Reichenberg-Ullman und Robert Ullman, wie sie über 1.500 „schwierigen" Kindern in die Lage gebracht haben, mit Wut besser umzugehen.

Judyth Reichenberg-Ullman / Robert Ullman

Ritalin – es geht auch ohne

EUR 21,90 ISBN 3-89539-071-2 (Hardcover)

Allein in den Vereinigten Staaten nehmen 8 Millionen Kinder regelmäßig Ritalin, und auch in Deutschland verbreitet sich Ritalin rasant. Ritalin schadet dem Gehirn – führt zu unkontrollierten Handlungen – der Zombi-Effekt ist dabei gewollt und: Ritalin bringt der Pharmaindustrie Millionengewinne.

Mit dem hier vorliegenden Buch wird anschaulich, wie Ritalin wirkt, welche Folgen es haben kann und was die naturheilkundliche Antwort auf diese Droge ist. Das Buch läßt Eltern nicht alleine, sondern stellt eine unverzichtbare Hilfe dar. Im Mittelpunkt dieses Werkes steht nicht das Abtöten von Emotionen, sondern das Lernen mit der Spontanität und der Kreativität umzugehen und sie für die Betroffenen selbst und ihr soziales Umfeld nutzbar zu machen.

MVV

Michaels Verlag & Vertrieb GmbH
Ammergauer Str. 80 - 86971 Peiting, Tel.: 08861-59018
Fax: 08861-67091, e-mail: mvv@michaelsverlag.de
Internet: www.michaelsverlag.de

Riedel / Heerd

Organisches Germanium - die lichte Brücke zum ICH

EUR 16,80, ISBN: 3-89539-046-1 Hardcover

Das Einsatzgebiet von Germanium ist nicht nur auf die Elektronik begrenzt. Fast niemand weiß, daß Germanium seit über 30 Jahren zur Behandlung unterschiedlichster Krankheiten eingesetzt wird – mit Forschungsergebnissen, die aufhorchen lassen. Beispielsweise sind Krebs- und AIDS-Kliniken in den Vereinigten Staaten, die Patienten mit organischem Germanium heilen, längst Realität. Das Wissen um die medizinischen Einsatzgebiete wie auch die vielversprechenden Heilungserfolge blieb allerdings auf Insiderkreise begrenzt. In der Europäischen Union hat die Pharmaindustrie den Handel mit organischem Germanium sehr wohl zu verhindern gewußt. Was ist Germanium, wie wirkt es, wo bekomme ich was? Auf diese Fragen versucht das Buch Antworten zu geben.

Petra Neumayer

Die Kraft der Grapefruitkerne

EUR 10,80, ISBN: 3-89539-178-6

Das natürliche Grapefruitkernextrakt ist für eine Vielzahl von Anwendungsmöglichkeiten geeignet und wirkt u. a. gegen Parasiten, Pilze und Viren.
Das Grapefruitkernextrakt ist die gesunde Alternative zu chemischen Antibiotikum und lässt sich nicht nur zur Gesundheitsvorsorge, sondern auch im Haushalt einsetzen.
Inklusive Krankheitsregister von A -Z.

MVV
Michaels Vereinigte Verlagsauslieferung GmbH
Ammergauer Str. 80 - 86971 Peiting, Tel.: 08861-59018
Fax: 08861-67091, e-mail: mvv@michaelsverlag.de

Das Magazin zu diesen Themen

MATRIX3000

Einzelheft: EUR 6,50 - Abo Inland (6 Ausg.): EUR 39,00
Abo Ausland (6 Ausg.) EUR 48,00

Eine verbindende Brücke

... zwischen Wissenschaft, Spiritualität, Politik und Kultur zu bauen und den Horizont für neue Erkenntnisse zu öffnen, ist das erklärte Ziel der Zeitschrift Matrix3000. Themen- und Autorenauswahl zeigen das breite Spektrum, das seit 1999 behandelt wurde.

Neue Wissenschaft

Levitationsforschung, Antigravitation, morphische Felder, Flanagan-Forschung, Phänomene, Nanometrie, Tesla, Haarp, Mobilfunk, Freie Energie...

Therapie und Gesundheit

Radionik, Germanium, Ecotherapie, Familienaufstellungen, Impfen und homöop. Alternativen, Klangtherapie, micraVision, Megamin, Ritalin ...

Macht und Schatten

Bewußtseinskontrolle, Zinswirtschaft, Strahlencocktail à la Handy, Strahlenopfer in Deutschland, Berliner "Glücks"frequenzen...

Kulturelle Wurzeln

germanische Edda, Mayaforschung und Atlantissuche, Keltenschanzen, Kaspar Hauser, Schamanismus, Hermes Trismegistos...

Bewußtsein und Spiritualität

Meditationen zum Tarot und christliche Hermetik, Hl. Geometrie, organisches Handeln, Sphären der Obertonmusik, Geomantie...

Mehr zu Themen und Autoren finden Sie im Internet: **www.matrix3000.de**